育成主義

選手を育てて結果を出す
プロサッカー監督の行動哲学

湘南ベルマーレ監督
曺貴裁

KANZEN

育成主義　選手を育てて結果を出すプロサッカー監督の行動哲学

育成主義　選手を育てて結果を出すプロサッカー監督の行動哲学　目次

第2章 育成論 選手の指導に正解はない

まえがき

湘南ベルマーレの監督として臨む、4度目のJ1での戦いとなる18年シーズンへ向けて英気を養おうと、オフの計画をあれこれ立てていた。

フットサルの試合を見に行こう。たまにはラグビーもいいかな。友人たちとお酒を飲みに行く回数も増やしたい――結局、こうしたプランが実行に移されることがないまま、シーズンの始動を迎えた。

シーズン中と同じく、毎日がほぼサッカー漬けとなったオフのハイライトはヨーロッパ視察だった。初めて足を運んだのが、トップチームのコーチを務めていた10年シーズンのオフだったから、今回でもう8回目になる。

きっかけはマインツがハイプレスをかけ続け、バイエルン・ミュンヘンを2対1で撃破したブンデスリーガの一戦をテレビ観戦したことだった。マインツの練習が見たい。当時のトーマス・トゥヘル監督の話が聞きたい。感銘が憧憬の念へ変わり、ヨーロッパのキーパー事情に興味を抱いていたGKコーチの齋藤誠一と2人で、ウィークリーマンションを借りて数日間ドイツに滞在した。

日本を発つのは例年12月。昨年は9日にミュンヘン行きの便で機上の人になった。ただ、戦術的な観点で言えば、新しい発見はほとんどない。最終ラインが1人のチームもなければ、前線に8人の選手を配置するチームもない。

何よりも試合だけならば、日本にいても見ることができる。クラブハウスのスタッフルームには世界中の試合が見られる分析ソフトがあるし、自宅の二階にも僕専用の部屋を作った。寒さがこたえる冬場はリビングが分析場所になるが、家族に怒られるので、テレビのゴールデンタイムは避けるように努めている。

それでも毎年オフにヨーロッパへ行く。行かざるを得ない気持ちになるというか、行かないと自分のなかで不安が膨らんでくる気がする。

サッカー以外のことを含めたさまざまな刺激が飛び込んできて、そのたびにメモに取る。時間的な余裕もなく、日本ではほとんど記憶のなかに留めている作業を、文字として記録に残すこともできる。

監督とは孤独で、勇気が必要な仕事だとずっと思ってきた。こうしたほうがいいと、周囲からほとんど言われなくなる。日々の指導はコーチングスタッフとの共同作業になるものの、選択するという行為に関しては、最終的には自分がいいと思ったことを、責任をもって貫かなければいけない。

孤独というよりは、一人と表現したほうがいいかもしれない。だからなのか、余計に一人の世界に浸ってしまうゲームの類は、監督になってからいっさいやらなくなった。自分以外が見えなくなることもあるギャンブルに対しても、興味や関心を抱いたことは一度もない。

ヨーロッパへ行くと、誰も僕のことを知らない。訪問するクラブチームの関係者や、スタジアムや町で出会う人たちから気兼ねなく話しかけられる。ドイツだと言葉がある程度わかるから、さらに心に余裕が生まれる。何の利害関係もなく話しかけてもらえることでフレッシュな気持ちになるし、その時点における自分の立ち位置というものも再確認することができる。

何も10個も20個も土産をもって、帰国しようとは考えていない。本当に2、3個で十分だし、それだけのためになぜ時間とお金をかけるのかと思われるかもしれないけれども、僕にとっては極めて大事な習慣と化している。

昨年12月は、実は散々な目に遭った。ミュンヘン行きの便が遅れた結果としてアムステルダム入りも予定より大幅にずれ込み、エールディビジのエクセルシオールとPECズウォレの試合を観戦できなかった。

空路でドイツに戻ろうと空港でチェックインし、搭乗ゲートを通ったところで大雪を理由にフライトがキャンセルされた。日本ではありえないことと思いながら急きょ陸路に切り替えたが、購入した指定席にはすでに別の人が座っている。こちらから言わないと、どこうともしない。結局電車も大幅に遅れたが、空港を含めて、周囲に怒っている人はほとんどいなかった。

日本ならば遅延証明書を出せとか大騒ぎになるところを、不測の事態が起こっても仕方がない、なるようになるさととらえる思考回路が日常生活から稼働している。これをサッカーに置き換えればどうなるのか。試合中に少々のアクシデントが起こっても動じない、メンタル力の強さがまず育まれるだろう。

陸続きでいろいろな国へ、電車だけでなく車や自転車でも往来できて、他国の文化や習慣を無意識のうちに肌で感じられる。そういう環境が当たり前と感じられるからこそ、自分たちの独自の色というもの、サッカーで言えばスタイルを大事にしようという姿勢が生まれてくる。

短い時間ながらヨーロッパに滞在しているだけで、向上心や生きるためのパワーをもたざるを得ない思いに駆られると、あらためて感じることができた。

今回の滞在で最も楽しみにしていたのが、イタリア北部のベルガモをホームタウンとする、セリエAのアタランタBCを訪ねることだった。

人口12万人ほどの小さな町を拠点に、徹底した育成主義を貫いてきたアタランタBCには、昨シーズンのセリエAで4位に躍進する以前から興味を抱いてきた。そのシーズンからチームを率いているジャン・ピエロ・ガスペリーニ監督の指導方法にも興味があったし、何よりも直接話をしてみたかった。

念願がかなって練習を見学させてもらうと、カルチャーショックのような思いを抱かずにはいられなかった。選手がウエイトトレーニングを終えてピッチに出てくると、サーキットトレーニングから攻撃陣と守備陣に分かれての6対6、そして8対8を3分間ずつ6セットとテンポよく進められていく。

その間、ガスペリーニ監督はほとんど練習を止めない。それでいて、すべてのメニューの強度が高い。僕自身も週末の試合へ向けて準備を始める、オフ明けの練習で強度の高いメニューを組んできたつもりだったが、それらよりも15%から20%も激しいものだった。

目の前で行われている練習の流れを見れば、集中力を欠く選手がいるはずもない。MFブライアン・クリスタンテやFWアレハンドロ・ゴメスら、これからビッグクラブへ旅立ちそうな中心選手は一心不乱に練習していたし、居残り練習をする気力も体力も残っていないからか、全体練習が終われば全員がアッという間にクラブハウスへ引き揚げていった。

ガスペリーニ監督は30分間ほど、僕のために貴重な時間を割いてくれた。聞きたかったことは二つ。サッカーの指導をするうえで一番大切にしている哲学と、時間をかけて育ててあげた選手がすぐに他のチームへ移籍していく状況に対する思いだった。

結論から先に言えば、後者の問いに対するガスペリーニ監督の言葉が、僕の心のなかにスッと入ってきた。忍耐強さの大切さを説いた「石の上にも三年」という言葉が日本だけでなくイタリアにもあるが、ガスペリーニ監督は時代が変わってきていると笑いながら語ってくれた。

「成果がすぐにピッチで表れるような、選手たちの努力がすぐにエネルギーに変わるような指導をすることがすごく大事だ」


その日の練習を通して、シュートが上手くなった、ディフェンス能力が向上した、より考えてサッカーができるようになったなど、選手全員がポジティブな気持ちを抱いて翌日を迎えられるメニューを組み立てなければいけない。

今日はこれくらいでまた明日、という考え方は許されない時代になっていると感じずにはいられなかった。明日につながる「いま」を100%やっていかなければ、未来を語れないとガスペリーニ監督は諭すように語ってくれた。

才能をもった選手が入ってきたということは、アタランタの場合は、すぐに他のチームへ売られる、要は移籍していくことを意味する。今シーズンを戦っている主力選手のなかでも、来シーズンからACミランとインテル・ミラノへ移籍する選手がすでに決まっていて、移籍金として日本円にして40億円が入ってくるとも語っていた。

選手を育てて売るというビジネスモデルは、残念ながら日本ではまだ確立されていない。それでも、選手が同じチームにとどまる時間がどんどん短くなるなかで、彼らに何を与えて、何を学ばせるのか、というテーマはアタランタBCと、セリエAと、そしてヨーロッパサッカー界と共有することができる。

凝縮されたサイクルのなかで、指導者が立ち止まっていたら預かった選手たちの質も落ちる。いわゆるビッグクラブへ移籍できなくなれば選手にも、クラブにとってもマイナスとなる。日々の練習に対するコンセプト、クラブ側との連携、そしてクラブ力があるなかにおける監督、という立ち位置をガスペリーニ監督の言葉を介してあらためて感じることができた。

現実には不可能だけれども、59歳のガスペリーニ監督は「2、3日でお前たちを上手くする。変えてみせる」という意気込みで日々の練習に臨んでいる。セリエA屈指の育成型クラブの矜持を感じたし、偶然に導かれて出会った選手たちも感謝の思いを抱き、やがては旅立っていくと感じずにはいられなかった。

ベルマーレの監督を務めて7シーズン目。誰に教えられるわけでもなく、一人の指導者として貫いてきた哲学のような思いが、より揺るぎないものになった。ベルガモに足を運んでよかったと、新たなシーズンの始動を約1ヶ月後に控えたなかで素直に思うことができた。

僕には4月から高校2年生になる一人娘がいる。あるとき、おもむろにこんな言葉をかけられた。

「いつまでベルマーレの監督をやるの」

彼女にとっては何気ない疑問だったのかもしれない。前身のベルマーレ平塚、さらにフジタ工業サッカー部を通じても7年目が最長ということを、インターネットなどを通じて知ったのかもしれない。

苦笑いしながら「わからないよ」と返すと、今度はこう言ってきた。

「育成とかやったほうがいいよ」

育成とは何なのかをわかっているかどうかは別にして、彼女なりに気を使ったのかもしれない。実の子ども以上に、そのシーズンに預かった子どもや選手たちに神経を使い、情熱を注いできた背中を見ていてくれたのかもしれない。

今シーズンの指揮を執るにあたって、所属する選手たちをどのように成長させていくのか、クラブとしてどこを目指すのか、監督自身のベクトルはどこに向けられているのか、という点が僕とクラブの間ですべて合致しなければ、オファーを受諾することはなかった。

すべてが一致したなかで、監督として僕がやるべきことがまだまだあると思えたからこそ、クラブ創立50周年となるメモリアルイヤーの指揮を執らせてもらっている。やるべきこととは娘にも言われた育成であり、一体感を強めてJ1の厚い壁に挑むことであり、サッカーそのものを極めていくことである。

自分なりの考え方を整理する機会に恵まれたなかで、組織論、育成論、そして蹴球論に分けてまとめた。ただ、育成ひとつを取っても、10人の選手がいればそれこそ10通り、というより一人に対しても複数の方法論を日々考え出しては、真正面から全力でぶつかってきた。

ゆえに理論やメソッドに代表される普遍的な考え方ではなく、その時々に抱いた思い、自分が取った行動からなる経験を可能な限り記すことで、僕がこれからも抱いていく哲学のようなものが伝わればと考えるに至った。

あらためて振り返ってみれば本当に不器用に映り、格好悪いと思われる指導者人生かもしれない。それでも手に取ってくれた方々が何かを感じてくれたとしたら、いま現在を懸命に生きる者の一人としてこれほど嬉しいことはない。

2018年2月

湘南ベルマーレ監督　曺 貴裁

（本文一部敬称略）

第1章 組織論

チームと真正面から対峙する

一《いち》期《ご》一《いち》真《しん》剣《けん》

昨シーズンのJ2優勝を決めた、10月29日のファジアーノ岡山との明治安田生命J2リーグ第39節を終えた後のロッカールーム。ベンチに入らなかった選手たちやスタッフも含めて、湘南ベルマーレに関わる全員で喜びを分かち合っているときに、こんな言葉をかけられた。

「試合に出ている選手と出ていない選手が、こんなにも同じ空気で練習しているチームに所属したのは、プロになって初めてです」

声の主は7月に大宮アルディージャから完全移籍で加入した、元セルビア代表の肩書を持つFWドラガン・ムルジャ(17年シーズン限りで退団)だった。

ユーゴスラビアの名門レッドスター・ベオグラードでプロのキャリアをスタートさせ、ベルギー、ロシア、スイス、セルビアでいくつかのクラブを渡り歩いてきた経験豊富なストライカーは、ベルマーレという新天地を新鮮な驚きをもって受け止めてくれていたようだ。

川崎フロンターレのアシスタントコーチに就任して、指導者としての道を歩み始めた00年シーズンから、ひとつの目標を標榜してきた。最近になって、ある造語と化して僕のなかでより具現化されている。

それは「一期一真剣」――もしかすると二度と会えないかもしれないと思って人との出会いを大切にする、という意味のことわざの一期一会を、自分なりにちょっとだけアレンジしたものだ。

その時々に出会った選手たちと真剣に対峙しよう、という思いを込めた。特にプロクラブの監督になった12年シーズンからは一期一会だけでは終わらない、まさに「一期一真剣」のようなマインドがなければ、責任を果たせないと思い続けてきた。

いろいろなものに導かれて、僕と選手たちは同じクラブの一員となる。1年後には一部の選手と別れ、新たな出会いが訪れるサイクルのなかで、難しい仕事かもしれないけれども、1年間という時間を所属した全員にとって充実したものにしてあげたい。

公式戦のベンチに入れる人数が18人と決まっている以上は、当然ながらピッチに立てない選手も出てくる。それでも、全員が日々の練習で身心ともに充実しながらサッカーに向き合えれば、試合に出る、出ないという状況に対する選手たちの受け止め方も違ったものになってくるのではないか。

もちろん常に笑顔を浮かべながら、和気あいあいと楽しく練習してきたわけではない。悩みや苦しみを抱いていたときのほうが多いかもしれない。それでも選手たちの一挙手一投足から、あるいはちょっとした変化から何を思っているのかを感じ取ることを、仕事のひとつとして課してきた。

17年は対象となる選手の一人に、シーズンの途中からムルジャが加わった。僕はベテランなのか、若手なのかをまったく気にしない。日本人なのか、外国人なのかも然り。ベルマーレというクラブの力の源と位置づけてもいい、自然に宿った雰囲気をムルジャが感じてくれたことは素直に喜びたいと思う。

なぜ「一期一真剣」のようなマインドを抱くようになったのか。そこには幼いころからの原体験が反映されていると言っていい。

京都市左京区で生まれ育った僕は小学校4年生のときに、家族の引っ越しとともに郊外の大原小学校に転校した。大原三千院がある町として広く知られているものの人口は少なく、ひとつの学年に1クラスしかなかった。

身体を動かすことが大好きだった僕は、流行していたテレビゲームなどにはまったく興味を示さず、大原サッカースポーツ少年団にすぐに入団してサッカーを始めた。1クラスしかないからサッカーをするのも、放課後に遊ぶのも常に同じメンバーだった。

まったくの初心者だったが、毎日のように無我夢中になってボールを蹴り続けた。入団からわずか3ヶ月あまりで、フォワードで試合にも出させてもらえるようになった。全学年を合わせて20人ほどのチームだったが、レベルの高い子が多く、6年生のときには京都府の大会で準優勝したほどだった。

もっとも、在日韓国人二世の両親の間に生まれた僕は、大原小学校を卒業した後は、父親が勤めていた市内にある京都韓国中学（現京都国際中学）に進学する予定だった。そして、卒業が迫ってきたある日、大原小学校のクラスメイトたちが突然自宅を訪れ、驚いている父親にこう言った。

「貴裁君と一緒にサッカーがしたい。大原中学校へ行かせてあげてください」

クラスメイトたちが帰った後に、父親から「お前はどうしたいのか」と聞かれた。涙目で「どっちでもいい」と返した僕を見て、大原中学校に行きたい思いを我慢していたのかと両親は察してくれた。

結果として大原中学校を卒業するまでの6年間、ほぼ同じメンバーでサッカーを続けることができた。毎日が楽しくてしかたがなかった。学校生活とプロとはまったく違うことはもちろんわかっているけれども、日々を精いっぱい生きること、充実した時間をすごすことの大切さに関しては変わらないと思っている。


サッカー人生に関する詳細は蹴球論で記すが、京都府立洛北高校から早稲田大学商学部をへて、91年4月に柏レイソルの前身である日立製作所に社員選手として入社した。ただ、日立製作所本社サッカー部はJリーグを最初に戦った10チーム、いわゆる「オリジナル10」に名前を連ねられなかった。

そして、入社3年目を迎えた93年5月15日に、Jリーグが華々しく産声をあげた。心のなかで「プロ」に対する意識が強くなってきた僕は、94年シーズンから浦和レッズへ移籍してJリーガーになった。

ポジションは大学時代からディフェンダーに変わっていた。しかし、あらためて当時を振り返ってみれば、決して何かの能力が秀でていたからプロになれたわけではないと思っている。

僕が十代のころの日本サッカー界はアマチュア全盛で、ワールドカップだけでなくオリンピックにも縁がない冬の時代が続いていた。ましてや、海外でプロ選手になる夢を描けるような時代でもなかった。ゆえに小さなころからプロ選手になる準備をしていたわけではなかった。

それでも、レッズから移ったヴィッセル神戸で現役を引退する97年シーズンまでの間で、週末に試合があり、日々の練習があり、仲間との触れ合いや競争があるサイクルのなかで、心のどこかに「レギュラー選手のための練習をしている」という思いが頭をもたげるようになった。

途中からはプロになり、弱肉強食の世界に飛び込んだ以上は仕方のないことだと、何度も自分に言い聞かせた。監督やコーチが悪いわけでもないし、もちろん実力の及ばなかった僕自身の問題でもあるんだけれども、それでも毎日のように何かを学んでは前へ進んでいけた、という実感を得られない時期があった。

正直、サッカーが楽しくなくなったこともあった。そうした経験もあって、立場が指導者に変わったときに、預かった選手たち全員が毎日のように成功や失敗という実体験を繰り返しながら、自分と一緒に前へ進んでいけるようなチームを作りたいという思いをごく自然に抱くようになった。

選手を熱狂させられるか

指導者に転じるきっかけとなった感動も、僕の心のなかで「一期一真剣」につながる思いを大きく膨らませた。

現役引退から半年ほどがすぎた98年の夏に、ドイツのケルンへ向かった。いまも親交のある在ドイツ韓国人からエージェントを紹介してもらい、クライアントの一人に加えてもらったことがきっかけだった。

エージェントからは「プレーをちょっと続けながら、コーチライセンスを取得して帰国すればいいんじゃないか」と言われて、結婚して3年目になる妻とともに海をわたった。もっとも、渡独当時はサッカーの指導者と言われても、いまひとつピンと来ない自分がいた。

第2の人生をどのようにして歩んでいくのかをあれこれ考えながら、1年ほどがすぎた。サッカーに関してはドイツ語をかなり理解できるようになり、会話にもほとんど困らなくなった。地元の子どもたちを教える臨時コーチとして、アルバイト収入を得ることも増えてきた。

そうしたタイミングで、ケルン地域を対象とした指導者ライセンス講習会が開催されることを知った。子どもたちへの指導を介して、ちょっとだけ指導者という仕事に興味を抱き始めていた僕は30人ほどのドイツ人に交じって受講し、20人ほどの子どもたちを指導する実践テストを最後に受けた。

結果は望外の合格だった。筆記試験などの出来は悪かったはずなのに、と不思議そうな顔をしていると、インストラクターから理由を告げられた。

「子どもたちに行ったアンケート調査の結果、あなたの指導が一番楽しかったと言っていました」

実践テストのテーマが何だったのか、僕がドイツ語でどのような指示を送ったのかはまったく覚えていない。おそらくは文法も含めて、誤ったドイツ語を使っていたと思う。それでも子どもたちは喜んでくれた。僕の指導を「素晴らしい」ではなく、笑顔で「楽しい」と言ってくれた。

インストラクターは『Begeisterung』（ドイツ語で『熱狂させる』という意味）という言葉で、僕の指導を高く評価してくれた。

「相手を熱狂させられるかどうかが、指導において何よりも大切なポイントとなります。あなたの熱狂させたい思いが、子どもたちに伝わったんです」

自分が真剣に臨んだことで、相手が喜んでくれる。いままでに経験したことのない感動は僕を指導者への道に導くきっかけとなり、以来、選手たちを「熱狂させる」ことは僕のなかでキーワードであり続けている。

監督を務めて7年目になるベルマーレでは、そのシーズンのなかで同じ練習メニューを組まないことを心がけてきた。

理由は単純明快だ。選手たちがほんのわずかでも「またこのトレーニングをやるのか」と思った時点で、彼らのなかには何も入っていかないからだ。そのメニューを最初に取り組んだときに覚えたテンションの高さを、再び繰り返してほしいと望んでもどうしても無理がある。

ならば、どのような観点で日々のメニューを組んでいるのか。僕のなかではトレーニングに必要な要素は3つしかない。まずは練習を楽しめるか。次にトレーニング自体に動きがあるか。そして、練習を積み重ねていくなかで選手個々が段々と上手くなるか。

日本サッカー協会が認定する指導者ライセンスを順次取得しながら、さまざまな項目を学んできた。それらのなかでも、この3つは特に大事なものとして僕のなかで位置づけられるようになった。

どれかひとつでも欠けてはいけない。楽しくないけど、一応動いていて結果として上手くなるのはダメ。毎日すごく楽しいけど、上手くなった実感がないのもダメ。上手くなっている感じがするけど、まったく汗をかかないトレーニングも僕のなかではNGとなる。

ゆえにただ単に8対8を課すとか、ただ単にシュート練習を課すことはあまりない。同じ8対8にしても、たとえばタッチ数を2回に限定するとか、浮き球だけでパスをつながせるとか、利き足と逆の足だけを使うとか、楽しませるための方法は数限りなくある。

コーチが笛を吹いた瞬間に、攻める方向がそれまでと逆になるのもいい。あるいは、ボールを呼び込むときに声を出してはいけないルールを設けるのもいい。幸いにも平塚市には近くにビーチがあるから、こうしたメニューを砂浜のうえで課すことも選手たちにとっては刺激になる。

もちろん、ただ楽しむだけでは意味をなさない。最終的には上手くなるためにある動きを確保させて、そのうえで楽しませるためにルールを作る。ボールを蹴ることは本当に楽しいけれども、ルールとレフェリーがいなければ収集がつかない。そうした原理原則にのっとって、日々の練習も行われなければいけない。

選手の無意識に働きかける

トレーニングメニューと同じ比重で、僕がこだわってきたのがミーティングとなる。選手たちに何を見せるのか。何を言うのか。場合によっては練習よりも大事な部分もあると僕は思っている。

ミーティングのテーマを選ぶ方法に、規則性は何もない。それこそ数時間前に「今日はこんな感じでいったらどうか」とスタッフに相談して資料を作り、急いで映像を用意することもあれば、直前まで何も決めずに、たとえるならアドリブでしゃべることもある。

テーマはサッカーのことだけに限らない。だからといって、インターネットなどで話題になっているキーワードを探すこともなければ、新聞を隅々まで読むことをルーティーンにしているわけでもない。日々を普通に生きていくなかで、頭のなかにパッと飛び込んでくる文字や映像、光景などを僕自身は大事にするようにしている。

常に好奇心を抱いていれば、気になることはそれこそ無数にある。偶然に見聞きしたことが気になるのは、そこに何らかのヒントがあると僕自身が無意識のうちに感じているからに他ならない。

だからといって、気がついたことをノートに書き留めることもしない。自分の意識のなかに引き出しを作り、付箋を張り付けた状態でしまっておくとたとえればわかりやすいだろうか。必要だと思ったときに引っ張り出し、別の付箋と組み合わせてテーマにすることも少なくない。

昨シーズンを振り返れば、ある日の練習前に設けたミーティングでリンゴの絵をホワイトボードに張り出したことがある。そのうえで「これをどうやって食べたらいいと思う」と、唐突に選手たちに聞いた。

ナイフで皮をむいて食べるといった、常識的な答えが返ってきた。次に「じゃあ一番栄養価の高い食べ方が何かわかるか？」と聞いた。実は皮ごと食べるのが一番いいそうだが、別にリンゴ酢でも、リンゴバターにしてパンに塗っても、リンゴ飴でも答えはどうでもよかった。

選手には、リンゴを食べるさまざまな方法をサッカーに置き換えて考えてほしかった。ボールをもったときにパスを送る、フェイントを仕掛ける、ドリブルで進む、シュートを放つといった具合に、さまざまな選択肢がある。

それでも、ゴールを奪うため、さらに言えばチームが勝つために次のプレーを選択するという原則は変わらない。リンゴも同じで、美味しく食べるためにいろいろと考える。そこで「やっぱりメロンがいい」とか、あるいは「オレンジも美味しそうだ」となれば、原則そのものが成り立たなくなる。

食べる以外のことを考えるのであれば、リンゴを収穫できるようにメンテナンスをしっかりしよう、まだ熟していない青い段階で食べることはやめよう、となるだろうか。サッカーに置き換えれば、チーム全体の意識を統一してトレーニングに臨もう、となる。そういったことを、リンゴの食べ方を通して考えてほしいと思った。

あらためて振り返ると、非常にわかりづらい話だと自分でも思う。ミーティングを終えた選手たちが「何の話だったんだ」と首を傾げても、すぐに忘れてももちろんかまわない。僕自身、リンゴをテーマにしたミーティングがその後にどのような効果をもたらしたのかは具体的にわからない。

何らかの問題が起こったときに「そういえば、監督、リンゴの話をしてたな」とふと思い出し、どんなサッカーをしようが最終的には自分が選択しなければいけないとか、これだけはチームとして守らなければいけないんだという思いを導くうえで、ヒントのひとつになってくれればいい。心の導火線に火がつくきっかけになってくれればいい。

だからこそ、選手たちが目で見て、耳で聞くだけではなく、心のなかにもスッと入っていかないと意味がないと思っている。

人間の脳には新皮質と旧皮質があるとよく聞かされる。たとえば食事のときにナイフとフォークを出されたら、どこから切って食べようかと意識する。これが箸ならば自然と食べ物を口に運べる。

ナイフとフォークをどう使うかを意識して動かすのが新皮質であり、箸を無意識のうちに使わせるのが旧皮質と置き換えればわかりやすいだろうか。練習で発する言葉にしても、ミーティングにおける言葉にしてもこの無意識の部分、つまり旧皮質にどのようにしてはたらきかけるかが非常に大事だと思っている。

監督に就任して以来、多岐にわたるテーマをミーティングで取り上げてきた。たとえば「今日の日経平均株価が年初来の最高値を更新したけど、その理由がわかるか」と選手たちに問いかけたこともある。

サッカーと日本経済という、一見して支離滅裂なことを問いかけているようにも映る。しかし、ともすれば目の前のことで目いっぱいになってしまう彼らに、サッカーだけで世の中が回っているわけではないと伝えたかった。

サッカーは経済だけでなく政治ともどこかでリンクしているし、だからこそ新聞を読むくらいの余裕を日々のなかでもとう、とも伝えたかった。そうした気持ちが、結果としてプレーを楽しむことにつながるからだ。

何気なく読んだ本のなかで面白いと感じた、富士山への登山をテーマにすえたこともある。

その本によれば、富士山は五合目に到達すると、頂上まで登るルートが４つに分かれる。そのなかで最も険しく、岩場も多い最短ルートを、当時のベルマーレが歩んでいく道にたとえた。最終的には勝ち点101を獲得してJ2を制した、14年シーズンの試合前のミーティングだった。

開幕14連勝を達成するなど、J1昇格への最短距離を突っ走ってきた。後半戦も上を見続けて、ゴールまでの最短距離を駆け抜けていこうと誓い合った通り、9月23日の京都サンガ戦を引き分けたベルマーレは、史上最速となる9試合を残してのJ1昇格を達成した。

週末の試合へ向けた1週間のサイクルのなかで、ミーティングをいつ行うのかは特に決めていない。ただ、試合前にホームならばクラブハウスで、アウェイならば宿泊先のホテルで必ず行うし、スタジアムに到着してウォーミングアップを終えた直後のロッカールームでも短い時間のなかで、目前に迫った試合への入り方や戦い方を確認する。

ホームの場合、ベンチに入れなかった選手たちはクラブのオフィシャルスーツ姿でスタンドから観戦する。そして、彼らはスタンドへ向かう前に、キックオフ直前のミーティングに参加している。

いつからそうなったのかも、なぜ全員が参加するようになったのかも、はっきりとは覚えていない。もちろん、僕が呼びかけたわけでもない。

ただ、ベルマーレというクラブ全体で戦っていることを考えれば、ベンチに入れない悔しさを抱えている選手はいるはずだけれども、そうした思いを超越した部分でひとつになることは非常に大事なことだと思っている。

理屈抜きに選手を愛せるか

昨年のクリスマスごろに、インターネット上で偶然にも読んだ記事に大きな感銘を受けた。

今年の平昌大会を含めて、３度の冬季オリンピックに出場したカーリングの本橋麻里さん（ＬＳ北見）が、ある国際大会でジュニアチームを指導した経験をこんな言葉で振り返っていた。

「コーチって、チームの全員を好きになれるかどうかが大切なんだと思いました。

いろいろな選手がいます。でもみんなを好きになれれば、チームはうまく行くんだと思うんです」（ナンバーウェブ「コーチングとは〝技術〟ではない。スポーツに学ぶ『愛する力』の価値。」より）

なかなか口にできない言葉だと思わずにはいられなかった。いっさいの利害関係や理屈を抜きにして、預かった選手たちを好きになる。指導者にある意味で人生を楽しむ、あるいは享受する余裕がなければ、生まれてこない感覚と言ってもいいかもしれない。

人を好きになっていかなければ、その人をしっかり見ることはできない。こちらが好きになったところで、その人から嫌われることもあるかもしれない。それでも、競技の枠を飛び越えて、指導者は自らすすんで人を好きにならなければいけないとあらためて思わされた。

これから先、ＩＴやテクノロジーはさらに発達していくだろう。ロボットや人工知能が大活躍する時代が訪れたとしても、人間がもつ可能性というのは無限に広がっていくのではないか、とも考えさせられた。

僕自身、指導者の道を歩み始めて以来、預かった選手たちを嫌いになったことは一度もない。これだけは自信をもって言い切ることができる。むしろ選手との関係を親と子どもにたとえれば、僕はまぎれもなく子離れできない過保護なダメ親だと思った時期もあった。

選手たちがつまずきそうだと感じれば、問題や課題を克服するための処方箋やヒントだけでなく、場合によっては答えも与えてしまう。自立をうながしたい、可愛い子には旅をさせたいと何度も言い聞かせながらも、肝心な場面で手を貸してしまう自分を咎めたことも少なくない。

それでも、先ほどの脳の話で言えば、選手を愛していなければ、その選手の旧皮質には何も入っていかない。野暮な言い方になるかもしれないけれども、練習における指導やミーティングで発する言葉を含めて、サッカーの指導に関わるすべてが、僕が選手たちを愛していることが大前提となる。

新しい年の訪れを前にして、大事な部分を再確認させてくれた記事と出会えた偶然に心から感謝した。

叱るのは選手のことを思っているから

　預かった選手たちを愛してきたからこそ、指導者の道を歩み始めて以来、彼らに対して怒ったことは僕の記憶のなかにない。

　毎年1月中旬に行われる新体制発表では、僕に対するイメージを聞かれた新加入選手が「怖い人だと思っていました」と答える場面が少なくない。周囲からは「あの監督、何であんなに怒っているのか」と思われているかもしれないが、実際には感情的に言葉を発したことはない。そうした立ち居振る舞いが、指導者の前提になると思い続けてきた。

　叱ったことは、それこそ数え切れないほどある。それでも「怒る」と「叱る」は似ているようで、言葉の伝わり方は180度異なる。2つの行為のボーダーラインは、どこかで冷静でいられるかどうかにある。

　怒るとは、要は自分が抱いたネガティブな感情を周囲に発信する行為となる。だからこそ、怒っているときに発する言葉は相手にもネガティブな思いしか与えないし、そこからは何も生まれない。人間である以上は僕も怒りたくなるときもあるが、指導者として可能な限りそういう感情を封印してきた。

対照的に叱るとは、厳しい言葉を発している自分を、もう一人の自分が見ていると説明すればわかりやすいだろうか。叱るとは決して自分のためではなく、相手のことを思っての行為となる。叱ったときに発する言葉は、相手が「自分のために言ってくれている」と受け止めてくれていると僕は思っている。

もう一人の自分が「これ以上はもう言うな」とか、あるいは「もっと言っていい」と状況を冷静に見極めているからこそ、叱ったことを引きずらない。ものの10分もたてば叱った相手に話しかけることもあるし、叱ったがゆえに明日から無視するとか、次の試合で使わないことも絶対にない。


叱った選手が泣き出したことも珍しくない。たとえば、13年シーズンの7月10日にホームで行われた柏レイソル戦。帝京第三高校から加入して2年目だったDF亀川諒史（現柏レイソル）のプロ初ゴールで後半16分に先制した一戦で、ベルマーレは後半35分と36分に連続ゴールを喫して敗れている。

オフ明けに行ったミーティングで、僕はレイソルから期限付き移籍中だったMF中川寛斗を叱り飛ばした。亀川のゴールをアシストしたのも中川ならば、逆転された相手のコーナーキックのときに、ニアポスト付近に立ったままで、与えられた役割を果たさなかったのも中川だった。

「お前はパスをつなぐことには100％集中するけど、それ以外のこと、興味のないことはまったくやらない。言っておくけど、サッカーは得意とする以外のことのほうがはるかに多いからな。いい選手になりたいのならば、そういう部分をちゃんとやれよ」

かなり厳しい口調だったと覚えている。返す刀で他の選手たちにも「お前からも言ってやってくれ。こいつ、自分のことを上手いと思っているから」と大声で訴えた。中川はその場で大泣きしていたが、何も逆転ゴールを奪われた怒りを彼にぶつけていたわけではない。

中川のことは、パスのセンスやテクニックに長けた非常に素晴らしい選手だと評価していた。そうした部分を認めながらも、レイソルのU‐18から昇格してすぐに期限付き移籍でベルマーレに加わっていた中川に、さらに上のレベルへ駆けあがってほしかった。

だからこそ、中川に「自分のことを思ってくれている」と思ってほしいという意味を込めて、叱りながら「いい選手になりたいのなら」という言葉を添えた。怒っているわけではないと、理解してほしかった。

身長が155センチの中川は、彼なりのサッカー観という枠のなかからまったく出ようとしなかった。自分はパスをさばく選手だとか、背が低いからこういうプレーはできないとか、若くして自分で自分の可能性を狭めているところがあった。そうじゃないよ、という話を何度したことか。

昨シーズンのレイソルは前半戦で破竹の8連勝をマークし、J1の首位に立った時期があった。好調の要因は前線から仕掛けるハイプレスで、レイソルに復帰して3年目の中川が一の矢を担っていた。

衰えることのない運動量でボールホルダーにプレッシャーをかけ続け、攻撃に転じるやパサーとなり、前半戦だけでゴールも3つ決めた。心技体のすべてでたくましく成長しているかつての教え子の姿を見ていると、サッカー人生の一部に関わった指導者として、僕の表情も自然と緩んでくる。

善人ぶるのはくだらない

昨シーズンで言えば、ホームにモンテディオ山形を迎えた5月27日の明治安田生命J2リーグ第16節後の監督会見で、こんな言葉を残している。

「お人好しというか、自分ができていないから他人にも要求できない、というように善人ぶるのはくだらないし、やめてほしい」

試合は0対0のままで迎えた後半のアディショナルタイムに、自陣で味方同士が見合うかたちになってボールを失い、パスを受けた選手に決勝ゴールを決められて敗れていた。

会見の後、4月からキャプテンを務めるMF菊地俊介、副キャプテンのGK秋元陽太、けがで戦列を離れていた前キャプテンのFW高山薫とアンバサダーのMF藤田征也を、スタジアム内の一室に集めて話し合いの場を設けた。

4人には監督会見と同じく、ちょっと乱暴に聞こえる言葉を投げかけた。ベルマーレの公式ホームページ上にはその日のうちに監督会見の全文が掲載されるので、僕が口にした「善人ぶるのはくだらないし、やめてほしい」という言葉を介して、そこに込められたメッセージを感じ取った選手たちもいるはずだ。

試合に負けた直後は監督、選手ともに冷静になれないのでは、と思われたかもしれない。ただ、居合わせた全員が常に冷静な状況でできる仕事ではないし、冷静になれないからこそ僕は話し合いの場をもちたかった。

すべての内容が悪い一戦ではなかった。全体的に引いてカウンターを狙うモンテディオの術中にはまることもなかったし、シュートまでには至らなかったものの、攻撃面でチャンスも作れた。

そうした部分はもちろん認める。そのうえで勇気が込められたプレーを数多く繰り出せたかと言えば、答えは残念ながらノーとなる。リスクを冒すことに対して向き合っていない、もっと言えば逃げていると思えてならなかった。

戦術うんぬんの問題ではなかった。16年シーズンまでJ1で戦っていたチームにひと泡吹かせてやろう、という思いで向かってくる相手に、何も横綱相撲を取れとは望んでいない。ちょっとした部分を修正できないのは、選手たちが勝敗を分ける細部にこだわっていないからだと僕は指摘した。

選手は向上心が高ければ高いほど、自分はまだまだだと思う。その心がけはいいけれども、自分ができないから周囲にも要求できないという思いを抱いているのは、僕には善人ぶっているように見えた。

4人との話し合いは、気がつけば1時間半も続いていた。16試合目で喫した4つめの黒星と、それに続く緊急会談がきっかけとなったかどうかはわからないけれども、お互いが遠慮せず、忌憚のない要求をぶつけ合うことに対する問題意識は、モンテディオ戦を境に大きく高まったと思っている。

自分の理想が選手の気持ちを潰してはいけない

早稲田大学ア式蹴球部の大先輩で、いま現在はＪＦＬのＦＣ今治のオーナーに就き、16年3月には日本サッカー協会の副会長にも就任した岡田武史さんからは、機会があるたびにこんな言葉をかけられてきた。

「お前は本当に正直すぎるよ。それじゃあダメだ」

年に一度は、昨年で言えば5月に練習の合間をぬって今治へ足を運び、直接話を聞いている。日本代表を一番上のステージ、ワールドカップの舞台に2度も導いた代表監督経験者の言葉には含蓄があるし、吉武博文監督以下のコーチングスタッフの方々と話すのも刺激になる。

FC今治のオーナーになる前からも、さまざまなタイミングで連絡をいただいてきた。そうしたやり取りのなかで、自分のやりたいスタイルや戦い方を貫くだけではダメだ、嵐に見舞われたときはそれなりのことをしなければいけないのがサッカーだ、と幾度となく指摘されてきた。

岡田さんには感謝しながらも、正直すぎると言われたことに関しては、心のどこかで「別にいいのでは」と思ってきた。実際、僕は子どものころから、嘘をつくことや格好をつけることが大嫌いだった。

指導者になってからもそういう性格は変わらない。特にベルマーレの監督になってからは、真正面から正直に戦えば相手にとっても戦いやすいし、結局はその壁を乗り越えられていないとずっと言われてきた。

それでも「自分が望んでいないことまでして勝ちたくない」と言い聞かせてきた。しかし、昨シーズンのチームを率いているうちに、どこか頑なだった考え方に変化が生じてきた。正直という信念にこだわるよりも、選手たちが抱く勝ちたい気持ちのほうがはるかに大事なのではないか、と。

選手たちの気持ちに乗っかってみれば、試合への臨ませ方や勝たせ方も一本調子ではダメだと思えるようになった。もちろん、目の前の試合にどんなかたちでも勝てばすべてよし、というわけでもない。夢がなければ人生は面白くないけれども、だからといって変に理想をかざすような指導はしたくない。

対照的な考え方のはざまで、常にバランスを取るようにした。自分なりに開き直りの境地に達したのは、スペインでのキャンプから帰国し、開幕までの最終的な準備を終えて、実際に10試合ほどを消化した昨年の4月の終わりごろだったと記憶している。

考え方の変化がよかったのか、あるいは悪かったのかはもちろんいまでもわからない。もしかすると理想を追求していったほうが、長い目で見ればよかったのかもしれない。それでも、昨シーズンにおいては選手たちの思いを尊重するべきだと素直に思えるようになった。

昨シーズンは1対0で勝利した試合が実に10回を数えた。以前ならば「なぜ2点目、3点目を取りにいかないのか」と言っていたし、昨シーズンもともに1対0で勝利した水戸ホーリーホックとの開幕戦、愛媛FCとの第4節後に「こんな勝ち方じゃあダメだ」と注文をつけた。

しかし、選手たちの反応がどうにも鈍い。試合の映像を見直しているうちに、彼らのなかでは1対0の勝利が精いっぱいであることがわかった。最初から1対0で勝とうとも思っていない。それでも、ガソリンを満タンにして必死に走っている車にさらにガソリンを、となれば壊れてしまう。

だから、考え方を変えた。かたちはどうであれ最終的にゴールが入ればいい、勝ちたかったら守ればいいと考えるようになった。再びJ1に挑む今シーズンもそういったところを取り入れていかないと、選手がもたなくなるといまでは考えている。

サッカーに対する理想は、僕のなかで毎年のように高まっている。ただ、理想に近づけるのがいまなのか、3日後なのか、3ヶ月後なのか、1年後なのかを僕自身がしっかり判断しなければ、選手たちの気持ちがスポイルされてしまうことがわかったシーズンでもあった。

選手たちはどんなときも、心の底から勝ちたいと念じながらプレーする。監督として最も咎められる言動は、彼らが必死の思いの末に選択したプレーを、何気ない言葉によって否定してしまうことだ。そうしてしまったときのリバウンドは非常に強いものがあると、恥ずかしながら理解できた。

さまざまなものが積み重なった末に、新しい考え方にたどり着いたと思っている。岡田さんからかけられた「正直すぎる」という言葉は、頭の片隅に常に存在していた。正直でいるのが必ずしも悪いことばかりでもないと思うし、一方で正直という性格に乗っかったままなのもダメだと思った。

もちろん、正直だから許される、という世界でもないと言い聞かせながら指揮を執ってきた。その結果として選手も育ってきたと自負しているし、一方でアカデミーの若い指導者たちに飛ばしてきた「失敗を恐れるな」という檄の意味を、あらためて考えてもみた。

指導者に対する評価というものは、自分の意図しないところで上がることもあれば、下がることもある。自分のなかでいいと思ってもダメ出しをされる世界である以上は、とにかく無我夢中にチャレンジしていくしかない。指導者も楽しみながらチャレンジするという姿勢を、いつの間にか忘れていたのではないかと自問自答を繰り返していた。

Ｊ２優勝を決めた昨年10月29日のファジアーノ岡山戦後の監督会見で、僕はこんな言葉を残している。

「5年後とか、10年後とか、未来とかを考えてやることは、もう僕にはできないと思うようになった」

内容を伴いながら勝ち続けて、次につながる若い選手を育てて送り出し、ベテラン選手たちのモチベーションも落とさせない——できないと言いつつ、監督である以上はやらなければいけないけれども、僕自身はそんなスーパーマンではないと思うようにした。

できることは目の前の試合に対して真摯に向き合い、選手たちの「勝ちたい」という気持ちを最大限引き出してあげて、それに乗っかるかたちで試合終了のホイッスルが鳴り響くまで見守ること。自分は無力だ、こんなことしかできないとある意味で開き直るのには大きな力がいると気づかされたし、そういう過程を踏まないと人間の言葉は本物にはならないと思うようにもなった。

無力だからこそ、監督という存在は必要だとも思うようになった。ベンチやテクニカルエリアで戦況を見つめながら、選手たちが意識して実践している部分も重要だけれども、それと同じく、ある意味でそれ以上に無意識のうちに実践している部分が実はすごく重要だと気づかされた。

脳内の新皮質と旧皮質で言えば、僕に言われたからこうしようというのが前者であり、いわゆるトランス状態に入ったなかで自然と体が動くのが後者となる。あえて言わなくても、日々の練習やミーティングを介して全員が心のなかの奥深い部分に刷り込ませていたからか。昨シーズンは最後まで、J2で優勝しよう、J1へ戻ろうという言葉を僕からは発しなかった。

一瞬で信頼関係は崩壊する

序盤は試行錯誤を繰り返し、結果として新しいチャレンジを始めている、という実感が僕のなかで膨らんできたからか。昨シーズンは自分に対するいろいろな発見もあった。

ベルマーレの監督を務めて6年目で、周囲からはマンネリ感もあるのでは、と幾度となく聞かれたが、僕はいっさい感じることがなかった。

チームという組織をいかにして動かし、最終的には勝たせていくのか。昨シーズンを振り返れば、思ったことの9割は言葉にして選手たちに伝えてきた。たとえば、ホームにFC岐阜を迎えた4月15日の明治安田生命J2リーグ第8節。3対3で引き分けた試合後に、周囲が驚くような行動を僕は取っている。

監督会見を終えて、ロッカールームに戻っている途中だった。試合後のクールダウンを終えて、引き揚げてくる選手たちが視界に入った。そのうちの6人を呼び止めてピッチの上、ちょうどコーナーフラッグが立っている付近で緊急ミーティングを始めた。

参加させたのはキャプテンのMF菊地、副キャプテンのGK秋元、ボランチの石川俊輝、そしてDF杉岡大暉、DF石原広教、MF齊藤未月の十代トリオの計6人。FC岐阜戦では石原以外の5人が先発し、石原は後半12分に、最初の交代カードを切ったときにピッチへ送り出していた。

ショートパスを徹底してつなぎ、両サイドから攻めてくるFC岐阜に主導権を握られた後半に入って、選手交代とともに何度かフォーメーションを変えて対応した。それでも相手とのかみ合わせや戦術的な部分で、上手くいった部分とそうではない部分があった。

後半だけで3失点を喫したが、最後は個人が判断して防がなければいけない。その意味で確認しておきたいことが試合終了直後から僕のなかにあり、対象となる選手たちが偶然目の前にいた。

その場で伝えたほうがいいと思い、ナイター照明のカクテル光線に照らされながら、時間にして15分ほど、6人を体育座りさせた状況で、僕は中腰になってときには身振り手振りをまじえながら話し合った。

メディアの方々が遠巻きに、いったい何をしているのかという視線を投げかけてきたのが何となくわかった。それだけ異例と言ってもいい光景だった。

試合を終えたばかりの状況で話すべきではないという声も、もう少しTPOを考えてもいいのではという指摘も、僕の耳には届いていた。

もっともだと思いながらも、たとえばTPOを考慮した場合とそうではない場合で、投げかけた言葉が与える効果は具体的にどう違うのか、という点に触れられることは少ない。

問題が起こった直後に聞かされて理解する感覚と、後になって聞かされて理解する感覚はまったく異なるものだと思っている。ましてや起こった直後に言うことが本当に悪いかどうか、誰にもわからない。だからこそ、僕が思っていたことを意のままに6人に伝えた。

もちろん、選手たちとの信頼関係が築かれていることが大前提となる。そのうえで選手をその場で納得させられる100％の自信があれば、どのようなTPOでも言っていいと思うようになった。感情と思考が重なって、100％になることが理想と言えばわかりやすいだろうか。

頭のなかでそれこそ何周も考えを巡らせたすえにたどり着いた、自分なりの結論だと思ってもいる。対照的に1％でも言わないほうがいいと思っている自分がいれば、選手を叱ってはいけない。選択したことを咎めてもいけない。監督という立場で言えば、一度口にした言葉を引っ込めることはできないからだ。

映像を見直したうえで「お前の言うこともわかる」と話すのはギリギリでOKかもしれないけれども、何の根拠もなく「あのときは興奮していて悪かった」と前言を撤回するのは許されない。選手は「いったい何なんだ、この人は」と思うはずだし、その瞬間に信頼関係は崩壊する。

指導者の道を歩み始めて以来、組織を動かすうえで、それだけ言葉は大事だと思ってきた。言葉は語彙力ではなく心で伝える、とよく言われる。どんなに素晴らしい言葉でもそれが借りものであるとか、口にする側が心を震わせて伝えなければ、言葉に力が宿ることはない。この章の冒頭で記した、僕が追い求める一期一会ならぬ「一期一真剣」となる雰囲気も作り出せない。

選手は監督の言うことを聞くものだ、という上から目線的な感覚を一度も抱いたことがない。監督は体を動かさない代わりに、あらゆるところへ目配せしながら、思考回路を常にフル回転させている。一方で選手はピッチのうえで、体も頭も動かさないといけない。

監督と選手という立場が違うだけで、目的としてすえられている場所はまったく変わらない。チーム全体で目指しているものを体現するために言葉があるという考え方は、僕のなかにおける普遍的な哲学と言っていい。

大敗から何を学ぶか

昨シーズンにおける発見でもうひとつあげるとすれば、叱ったことが圧倒的に少なかった点だろうか。

記憶をたどっていくと、最後に叱り飛ばしたのはアウェイで7月22日に行われた、モンテディオ山形との明治安田生命J2リーグ第24節だろうか。0対0で迎えたハーフタイム。ロッカールームにあった扇風機を蹴り上げながら、球際の競り合いで後塵を拝し続けた前半にダメ出しを連発した。

試合は後半に3点を失い、攻めては無得点に終わって負けた。ハーフタイムに大声を出しながら、今日は負けると思っていた。すべてがダメなこの試合で勝てば、今後のチームにとっても、彼ら自身のためにもよくないとも思っていた。

叱り飛ばしながら、選手たちの表情を確認した。長丁場のJ2の戦いをちょうど折り返した直後で、高温多湿の夏場の戦いに差しかかっていたこともあり、肉体的だけでなく精神的にも疲れていることが伝わってきた。


仕方がないかもしれないと心のなかで思いながら、屈辱的な大敗から何を学ぶのかが、その後の戦いにおける肝になると考えていた。そういう意味でも何か刺激を与える必要があると思い、平塚に戻り、オフをはさんだ最初の練習場所を平塚のビーチに変えた。

しかし、昨シーズンを戦った選手たちは感度がよかった。時間の経過とともによくなった、と表現したほうがいいだろうか。負けた試合の直後、あるいは勝っていた試合を引き分けた直後にチーム全体として、僕に何かを言われてから考えるのではなく、言われる前に問題点を整理していた。

真夏の太陽に照らされながら、砂浜のうえで一心不乱にボールを追う選手たちの姿を目に焼きつけながら、もう叱る必要はないと思った。くしくも同じモンテディオにホームで負けて、試合後の監督会見で「善人ぶるのはくだらないし、やめてほしい」と訴えてから約2ヶ月。チーム内に脈打つようになった鼓動が、いよいよ力強くなったと感じずにはいられなかった。


ホームに徳島ヴォルティスを迎えた続く第25節は、ある意味で昨シーズンを左右する大一番だった。キックオフ前の時点でベルマーレは首位に立っていたものの、3位のヴォルティスには勝ち点で4差に迫られていた。

しかも、ヴォルティスはホームでベルマーレに負けた第18節以降の6試合を、5勝1分けと立て直して平塚に乗り込んできていた。果たして、途中交代を含めてピッチに送り出した14人の選手たちは最後まで足を止めず、自分たちの戦い方に相手を引き込み、相手の足が止まった後半に2点を奪った。

昨シーズンのベルマーレの強みをあげるとすれば、一度も連敗を喫しなかったことに集約される。負け数がわずか7回だったことも、残る35試合で必ず勝ち点を積み重ねてきたことを考えれば大きい。追いつかれて痛み分けに終わった試合もあったが、7回しか負けなかったことは高く評価したい。

そして、負けた次の試合で5勝2分けという結果を残してくれたことも心から称えたい。負けからしっかりと課題や問題を学んだ証であり、同じ過ちを繰り返したくないという思いがピッチで戦う姿に反映されていた。

試合中にネガティブに感じられることが起こっても、しっかりと立ち返ることのできる場所が作られていた。ヴォルティス戦からは12試合連続で不敗が続き、その間に9勝3分けの星を残して目標へ一気に近づいた。

試合内容も崩れそうで、最後のところで踏ん張れる粘り強さがあった。モンテディオに喫した2つめの黒星を境に、僕と選手たちの間にお互いをリスペクトする雰囲気が生まれ、僕が何も言わなくても選手たちがやるべきことを理解し、絶対に勝つんだという姿勢を見せてくれた。

相手に完全に試合を支配され、ボールをほとんどもつことができず、シュート数でもこちらの2本に対して実に19本と圧倒されながらも1対0で勝った8月16

日のジェフユナイテッド千葉との第28節は、それまでの5つの負けから学んだことが敵地のピッチでしっかりと体現されていた。

ベルマーレの監督になって6年目で、選手たちが1年間の戦いを通して最も大人になった、最も成長したと実感できたと自信をもって、胸を張って言うことができるシーズンだった。

組織では言葉が重要な役割を果たす

ベルマーレは毎年、クラブのスローガンを開幕前に掲げている。僕が監督に就任してからは、12年シーズンの『蹴激』に始まり、以降は『蹴躍』『決弾』と推移してきた。

2度目のJ1に挑んだ15年シーズンの『証明 Show the Style』から僕の言葉が反映されるようになった。正確にはミーティングで使ったものが、クラブのスローガンとして用いられるようになった。

15年シーズンの『証明』には一度J1に挑戦するも1年でJ2へ降格していた

ので、自分たちのスタイルを貫くことでいろいろなことを証明して、J1に定住しようという思いを込めた。12年シーズンからの流れに乗ったものであり、僕も選手たちも『証明』という言葉に上手く乗れた。

16年シーズンの『挑越』には、キャプテンのMF永木亮太（現鹿島アントラーズ）や日本代表にも選出されたDF遠藤航（現浦和レッズ）たちが抜けて、周囲の誰もが「ベルマーレは大丈夫か」と思っているなかで、自分たちで高くそびえる山へ挑んで越えていこうという思いを造語に込めた。

そのシーズンごとの羅針盤をどこに張っていくのかが、チームが船出するときに一番重要だと思っている。結果に対してああだ、こうだと言うのは簡単なことだけれども、どこを目指していたのかをはっきりさせたうえでシーズンに臨まなければ、思ったように前へ進むことはできない。

その意味では昨シーズンのベルマーレは最終的に、スローガンの『共走』が最も当てはまるチームになったと思っている。組織において言葉がいかに重要なのかを、あらためて実感できたと言っていい。

前年と同じく造語である昨年のスローガンの『共走』には「みんなで共に走っていく。共同作業でしかベルマーレのよさは出せない」という思いの他に、２つの意味を込めた。それは「試合に勝つためにいい競争をする」と「今日できることは、いますぐにやる」である。

監督になった1年目は、表現は悪くなるかもしれないけれども、試合に勝てばいいという雰囲気がスタジアムに漂っていた。そして、時間の経過とともに、駆けつけてくれるファンやサポーターと、ベルマーレというチームが価値観を共有できるようになったと思っている。

そうなった過程には、いつしかみんなが普通に口にするようになった「湘南スタイル」という言葉が大きな役割を果たしている。14年シーズンや15年シーズンは、ベンチやテクニカルエリアで僕がガッツポーズを作ったときには、スタンドからも大歓声や拍手が降り注いでくるようになった。

ベルマーレが相手ボールを奪った次の瞬間に、相手ゴールを目指して人数をかけて速攻に転じたときはその典型と言える。ひるがえって昨シーズンは、自分たちが積み上げてきたものを繰り出せる試合や時間帯もあれば、相手チームとの力関係や戦術的なかみ合わせで体現できないときもあった。

そこで踏ん張って食い止めるのか、残念ながらあっさりと失点するのか。カウンターを発動させるのか、再び相手に止められるのか。1対0の勝利が10回を数え、先制した試合では22勝4分けと無敗を誇るなど、粘り強さがより前面に押し出された昨シーズンの戦いぶりは、ベルマーレというクラブの未来にとってもプラスになると思っている。


ホームタウンとしているエリア全体を元気にするとか、大きな影響力を与えているとは正直思っていない。ただ、ベルマーレっていつも一生懸命で見ていて面白いよね、という会話はここ数年で確実に増えたと思っている。

ベルマーレって強いから、スタジアムへ行こうとはおそらく誰も言わないだろう。それでもスタジアムへ行ったら楽しかった、勇気をもらえた、もう一回行こうよと言ってもらえているとすれば、僕たちにとっては最高の宝物になる。スタジアムに足を運んでくれるファンやサポーターが、一緒に文化を作っていく担い手になっていくからだ。

湘南というエリアに独特のＤＮＡが育まれてきた背景には、僕が監督になる前から脈々と紡がれてきたベルマーレの歴史がある。その一部に関われたことを誇りに感じるし、ここから先、クラブがさらに大きくなり、専用スタジアムを新しく作るとか、もっと環境をよくする時代にしていかなければいけない。

その意味でも、もうこれでいいとか、これ以上は無理だと思ってしまえば何も変わらない。光が無数に差し込んでいなくてもいい。ひと筋の光でもいいので、希望をもって前へ進んでいくことがこれからも求められると思っている。

坪井慶介のプロフェッショナルな姿勢

自分なりに組織を論じてきたこの章の最後に、ひとつだけ触れておきたいことがある。ベルマーレというクラブは、普段は見えないところで頑張っている選手の思いで成り立っている部分があるということだ。

昨シーズンで言えば38歳のチーム最年長で、オフになって契約期間満了による退団が発表されたＤＦ坪井慶介となる。浦和レッズから完全移籍で加入して３年間、常にベルマーレというクラブをよくするために動き、1分1秒を惜しまず一緒に戦ってくれた。

昨シーズンの坪井は5試合、131分間のプレーにとどまった。高卒ルーキーの杉岡大暉や、サイドアタッカーから転向した2年目の山根視来が最終ラインで先発しているなかで、もし坪井が「お前ら、試合に出られていいなあ」という態度をちょっとでも見せればどうなっていたか。

杉岡や山根には間違いなく、余計なプレッシャーがかかっていたはずだ。そうした状況に一度たりともならなかったことに、たとえベンチ入りできなくても常に万全の準備を整えて、真のプロフェッショナルな背中を若い選手たちに見せてくれた坪井には心から感謝している。

いまでも思い出される一戦が、15年4月29日のサガン鳥栖とのファーストステージ第8節だ。僕の監督就任以来2度目のJ1に挑んでいたベルマーレは、FC東京に0対1、ガンバ大阪に0対2、横浜F・マリノスには0対3とすべて完封負けで3連敗を喫していた。

しかも、マリノス戦から中3日でサガンをホームに迎えなければいけない。J1の壁にはね返されかけていたなかで開催されたミーティングで、選手たちのことを信用できていなかった部分があったかもしれないと、僕は頭を下げた。そうでなければ、マリノス戦のように攻守すべてが中途半端で、精彩を欠いた試合をするはずがないと思ったからだ。

気がつけば、僕は選手たちの前で涙を流していた。自分に非があると思えば、対象が誰であれ頭を下げる。監督である前に、一人の人間としての礼儀だと思った。謝って済まされるとは思っていなかったけれども、申し訳ないという思いを封印したまま他のことを言うのはフェアではないと思っていた。

チームに関わる全員の思いをひとつにして難局を乗り越え、サガン戦に臨みたかった。一方で選手たちも危機感を募らせ、選手だけのミーティングを開催して団結力を高めようとしていた。その中心でキャプテンの永木亮太らとともに動いていたのが、レッズから加入して1年目の坪井だった。

迎えたサガン戦は、開幕戦から3バックの中央を務めてきたアンドレ・バイアが、コンディション不良で欠場を強いられていた。そうした状況で坪井をバイアの位置で初先発させて、チームも4対2でリーグ戦ホーム初勝利をあげた。あの勝利が最終的に8位に食い込み、クラブ史上初のJ1残留を勝ち取ったことにつながったと思っている。

昨シーズン終了後の11月25日に、シーズンチケット購入者を招く、毎年恒例の「感謝の集い」が開催された。僕自身は6日前のJ2最終節でホームに集まってくれたファンやサポーターに感謝の思いを伝えていたし、何よりも「感謝の集い」で最後にマイクを握るのは僕ではないと思っていた。

僕から唐突に出番を告げられた坪井は、さすがに驚いた表情を浮かべていた。僕自身は坪井との出会いを振り返りながら、感極まる思いをこらえるのに必死だった。そして坪井も、途中で声を詰まらせながらも、シーズンを締めくくる素晴らしい言葉を残してくれた。

「曺貴裁という監督のもとで、人としても成長できると思ってやってきました。その通り、3年間で僕はサッカーだけでなく、人間としても成長することができました。僕がここですごした3年間は、僕のサッカー人生のなかでかけがえのないものになりました」

隣で聞いていて、何度も目頭が熱くなってきた。坪井と交渉の場をもった14年11月。レッズだけでなく、日本代表としてワールドカップの舞台にも立った経験を伝えてほしいとはいっさい言わなかった。坪井にとってベルマーレはまだまだ成長できる場所だと熱く訴えた。

坪井は今シーズンから戦いの場所をJ2のレノファ山口FCに移した。38歳になっても向上しようという貪欲な気持ちがまだまだある、とベルマーレに所属した3年間で証明し、周囲も認めたからこそレノファからのオファーが届いたのならば、これほど嬉しいことはない。

出会いと別れが繰り返されるのが、プロの世界の定めであることはもちろん理解している。それでも個人的にも本当に辛い思いに駆られたが、次に会うときには坪井にも喜んでもらえるようなチームを作り、J1の舞台で戦っていたいと強く思った。

第2章 育成論

選手の指導に正解はない

チャンスは与えるもの

昨年4月9日に行われた明治安田生命J2リーグ第7節の東京ヴェルディ戦は、湘南ベルマーレの歴史上に長く刻まれていく90分間になると思っている。

先発メンバーとして送り出した11人のなかには、青森山田高校から加入して2年目のMF神谷優太（18年シーズンは愛媛FCへ期限付き移籍）、市立船橋高校から加入したルーキーのDF杉岡大暉、湘南ベルマーレユースから昇格した同じくルーキーのMF石原広教と、十代の選手3人が名前を連ねていた。

ベルマーレの監督を務めて6年目を迎えていたが、僕の記憶が正しければ、十代の選手を3人同時にピッチへ送り出したのは初めてだった。加えて、石原はこの試合がリーグ戦デビューだった。後半21分からは神谷に代えて、高校3年生だった16年5月にユースからトップチームに昇格させていた、石原と同期のMF齊藤未月も投入している。

4月9日　2017明治安田生命J2リーグ　第7節

東京ヴェルディ	VS	湘南ベルマーレ
2	前半　1-2 後半　1-1	3

GK	柴崎 貴広	
DF	井林 章	
DF	畠中 槙之輔	
DF	平 智広	
MF	高木 大輔	56分OUT
MF	内田 達也	
MF	渡辺 皓太	77分OUT
MF	安在 和樹	
FW	安西 幸輝	
FW	高木 善朗	57分OUT
FW	アラン ピニェイロ	
FW	ドウグラス ヴィエイラ	56分IN
FW	梶川 諒太	57分IN
MF	橋本 英郎	77分IN

GK	秋元 陽太	
DF	岡本 拓也	
DF	アンドレ バイア	
DF	杉岡 大暉	
MF	奈良輪 雄太	
MF	神谷 優太	66分OUT
MF	石川 俊輝	
MF	菊地 俊介	
MF	石原 広教	77分OUT
FW	ジネイ	89分OUT
FW	山田 直輝	
MF	齊藤 未月	66分IN
DF	岡﨑 亮平	77分IN
FW	端戸 仁	89分IN

【得点】東京V　安西(16分)　安在(90+3分)

【得点】湘南　菊地(21分)　ジネイ(33分)　菊地(54分)

開幕戦こそ落としたものの、それ以降は無失点で5連勝をマークし、首位に躍り出たヴェルディと、前節は0対3のスコアで敗れ、首位の座を明け渡したベルマーレの一戦。雨が降り続く中で行われた試合は、序盤からヴェルディにペースを握られ、前半16分に先制を許す苦しい展開に。それでもベルマーレは菊地の2ゴールなどで3点を奪い、逆転勝利を収めた。

キックオフ前の時点で、スペイン人のミゲル・アンヘル・ロティーナ新監督に率いられるヴェルディは首位に立っていた。ひるがえってベルマーレは、敵地で行われたカマタマーレ讃岐との前節を0対3のスコアで落とし、順位も首位から4位に転落。舞台となった駒沢陸上競技場のピッチには間断なく雨が降り続き、強い風も吹きつけていた。

プレッシャーがかかる状況のなかで、十代の4人は勇敢に戦い抜いてくれた。逆転勝利を収めた後の監督会見。若い選手たちを起用している意図を問われた僕はこう答えている。

「チャンスは与えるものだと思っています」

J1に初めて昇格した川崎フロンターレのアシスタントコーチに就任し、指導者の道を歩み始めた00年から、僕は「チャンスをつかめ」という言葉を選手たちにかけたことがない。

サッカーに限らず、スポーツ全般において「チャンスは誰にでもある」とよく言われる。この言葉がどうにも嫌いで、振り返ってみれば、サッカーをはじめた小学生のときから違和感を抱いてきた。

府立洛北高校時代に、国体に臨む京都府選抜に選ばれたことがある。合宿などで「ここにいるみんなはチャンスをつかんだんだ」と、指導者からハッパをかけられるたびに首をひねっていた。

自分のなかではチャンスとは思えなかった。サッカーをする環境に恵まれていることに、心から感謝はしていた。環境だけでなく、切磋琢磨するチームメイトたちにも恵まれたが、それを自分のなかでチャンスだとはとらえられなかった。

たとえば活躍した選手が「あのときはチャンスだと思って必死だった」と振り返ったとする。誤解を恐れずに言えば、その類の言葉はほとんど嘘だと思っている。成功を収めた人間はそんな心境でプレーすることはない、というのが僕の持論だからだ。

小さなころからスポーツに取り組み、上のレベルに行きたいと望んだ子どもたちの数は、プロとして活躍している選手の何十倍、何百倍、いや、それこそ何千倍もいるはずだ。

どこかで挫折して、夢をあきらめた瞬間を振り返るときに「チャンスをつかめなかった」という言葉をよく聞く。あるいは「チャンスがあったんだけど、力がなくて」とも。果てして正解なのだろうか。

チャンスで普段の生き様が見えることが大事

必死に努力を積み重ねてきた選手がチャンスをつかめたかどうかは、すべては結果次第となる。結果がよければ「このチャンスをものにしようと思っていた」「チャンスが巡ってくることをいつも想像していた」と、終わった後で何とでも言い換えることもできる。

試合に出て活躍することだけがチャンスではない、と僕は思っている。試合に出られないときに何をどう感じるのかも長い目で見ればチャンスだし、プロになったものの活躍できず、サッカーを辞めざるを得ないときも、その後の人生を豊かにしていく視点で見ればチャンスになる。

僕自身もコーチから監督になった12年に、当たり前のことだが「よし、チャンスが来た」とは思えなかった。ベルマーレというクラブから求められたことに、どれだけ応えられるかを必死に考えていた。たとえば将来的にヨーロッパのクラブで指揮を執りたいと望んでも、自分を高めるための努力に限界はない一方で、訪れるかどうかもわからないチャンスに対してどうすることもできない。

すべては考え方次第だからこそ、僕は指導者として「チャンスをつかめなかったお前たちが悪い」という気持ちを抱いたことは一度もない。

要は選手の立場から言えば、日々の練習を通じて自分自身を高めていく努力を積み重ねていくしかない。だからこそ、監督の立場から言えば、チャンスは与えるものとなる。

そこで「チャンスが来た、やってやろう」と臨んだときのプレーは余計な気負いが生じる分だけ、実はたいしたことはない。平常心で試合に臨むことが何よりも大事で、ヴェルディ戦で言えば十代の彼らが平常心でプレーできることは、直前の練習における一挙手一投足を見てわかっていた。

だからこそ、ヴェルディ戦後の監督会見では「チャンスは与えるものだと思っています」に、こんな言葉を紡ぐことも忘れなかった。

「与えられたチャンスで普段の生き様が見えることがその子にとっては大事で、

それがよかろうが悪かろうが、責任は監督にあるわけです」

たとえばトップチームで初めて試合に出た若手選手が、終了後に「いい経験になりました」と心境を語ったとする。こういう発言を聞くと、次の試合の起用を迷わざるを得ない。彼に経験を積ませるために出したわけではないからだ。

初めて出る選手に、チームの結果に対する責任をすべて負えと無理難題を押しつけるつもりは毛頭ない。ただ、ボールをもらう、奪うといった自分がするべきプレーに対して意欲と集中力があって、相手と夢中で戦おうとするメンタルが備わっているかどうかを僕はまず見る。

そのうえでチームの状態、相手チームの状況、ホームなのかアウェイなのか、天候はどうなのかといった点を鑑みながら、彼らを出場させたほうがチームにとってプラスになるかどうかのタイミングを見極める。

ヴェルディ戦後の記者会見では、チャンスに対してこう言及してもいる。

「責任をもって然るべき時期にチャンスを与えていかないと、まいた種が花を咲かせないいままくすんでいってしまうと思っている」

然るべき時期とは1種類でもなく、ましてや100種類でもない。タイミングは刻一刻と変化していく。選手は常に選ばれる立場であるからこそ、選ぶ側の監督に課せられる責任は大きい。そのなかで、僕は絶対に邪心を抱いてはいけないと自らに言い聞かせている。

若手を育てるベルマーレというイメージを、周囲に対して発信するためにも十代の選手3人を先発で起用しよう——そうした邪《よこしま》な思いが入ればいい試合はできないし、何よりも使われる選手たちのためにもならない。

自分のなかで気がついたら「あっ、3人も出ていたのか」という状況にならなければ意味をなさない。ヴェルディ戦はまさにそういう心理状態で、試合前夜の段階で先発させる11人を決めていた。

ミスを整理して、すぐに切り替えられるか

水戸ホーリーホックのホームに乗り込んだ2月26日のシーズン開幕戦で、杉岡を3バックの左で先発フル出場させた。

ベルマーレの歴史では01年シーズンのMF鈴木良和（東海大学付属翔洋高校）、02年シーズンのDF中島崇典（八千代高校）に続く高卒ルーキーによる開幕戦デビューだと、1対0で勝利した試合後にメディアの方から聞かされた。

もっとも、僕のなかでは開幕へ向けてチームが始動したときから、戦力としてある程度の計算を立てていた。杉岡の一番いいところは、ミスを犯しても下を向かないメンタリティーの強さにある。

目の前で起こったことを18歳という年齢でしっかりと整理して、すぐに次へと切り替えられる。もちろん失敗はするけれども、プレーの波が非常に少ない。18歳だろうが35歳だろうが、特に後ろのポジションにおいて波の少ない選手は、僕に限らずどの監督にとっても使いたいと思う理由になる。

もちろん、それだけで杉岡には満足してもらっても困る。ただ、16年シーズンまで3バックの左を務めてきたDF三竿雄斗が鹿島アントラーズに移籍した直後のチームに対して、杉岡のパーソナリティーや選手としての特徴が上手くはまった部分もある。

具体的なプレー面で言及すれば、相手と五分五分のボールをピタッと止めて、味方に縦パスをパッと入れられるプレーは、教えてもなかなかできないものだ。もちろん粗削りな部分もまだまだ多いけれども、それでも相手が嫌がるプレーを自然と選択して実践することができる。

実は杉岡が市立船橋のキャプテンとして出場した、16年度の全国高校サッカー選手権の初戦を観戦するために、僕は試合会場となったフクダ電子アリーナへ足を運んでいる。16年の大晦日のことだ。

相手は大会ナンバーワンストライカーと呼ばれた、岩崎悠人選手（現京都サンガ）を擁する京都橘高校。1回戦屈指の好カードとあって、スタンドがほぼ満員で埋まった状況のなかで、試合は1対0で市立船橋に軍配があがった。

夏のインターハイが始まる前にベルマーレへの入団が決まっていた杉岡に対して、開幕戦から先発に抜擢するかどうかは別にして、京都橘戦を見た段階で「プロとしてすぐにやれる」と確認に近い思いを抱いた。

試合を通して変にふらつくこともないし、岩崎選手を止めようと躍起になるばかりに、いつもと違うことをするような感じも伝わってこない。クレバーやスマートという言葉よりも、不格好なんだけれども結局、どうにかこなす選手といえる。市立船橋全体にそういう選手が多かったなかで、杉岡は特にメンタル的な強さをもっていることがよくわかった。

実際に新チームが始動し、練習に合流させてみると新たな発見もあった。1対1の場面で頑張れる。迫力を放ちながらオーバーラップすることもできる。182センチと上背もあるから、ヘディングもまずまず強い。意外と言っては可哀相かもしれないけれども、後ろの選手に必要なテクニックもある。

たとえばボールをもっているときに相手に詰め寄られても、直前で鋭く切り返してかわし、前へ運んでいくプレーがそれに当たる。相手は速いからここにボールを置こうとか、自分よりも大きな選手だからこうしようとか、経験に導かれた状況判断で細かいところをさらに変えられるようになれば、もっといい選手になると言っていいだろう。

目では追いかけ、心では放っておく

ザスパクサツ群馬に3対1で勝利した昨年3月4日のホーム開幕戦でも杉岡を先発させると、開始10分に先制ゴールを決めた。自分で力強くペナルティーエリアのなかへもち出して、利き足である左足を思い切り振り抜いた。

主にセンターバックを務めていた高校時代は、セットプレー以外ではあそこまで攻め上がったことはほとんどないと思う。ただ、京都橘戦を見たときに、最初から細かいことをいろいろ教えるよりも、杉岡が思う通りに、好きにやらせたほうがいいんじゃないかという感覚を抱いた。

その後のスペイン合宿で組まれた実戦で起用してみると、実際にもっているものが非常にいい形で発揮されていた。そういう状況もあって、杉岡に関してはある方針を固めた。挫折するまでは放っておこう、と。

放っておくと言っても、何も「どうでもいい」と思うこととは明確に一線を画す。目では追いかけているけれども、心のなかでは放任しておく。要はあえて好きにやらせるというアプローチが、特に若い選手に対して非常に大事なことだと僕は思っている。

たとえになるかどうかはわからないけれども、赤ちゃんを遊ばせる母親が常に近くでは見ているものの、あれをしなさい、これをしなさいと言ってももちろん意味が通じないし、聞くこともない。だから放っておく。この状態に近いと言えばいいだろうか。

おもちゃを与えてもハイハイすることに夢中になって、壁伝いに歩き始めるかもしれない。自分ででんぐり返しを始めるかもしれない。それでも危ないから目では追っている母親と、ボールと大きなスペースとを杉岡に与えた僕の心境は似ていると言えば、もしかすると笑われるかもしれない。

ただ、どの年代の選手に対する指導でもそうだけれども、特に子どもたちを教える指導者には「目では追いかけているけれども、心のなかでは放任しておく」という気持ちを忘れてはいけないと思う。

思うようにプレーさせておけばいいところを、不必要な資料や情報を与えてしまうことで、進むべき道とは異なる方向にねじ曲がってしまう。そうしたケースは意外と少なくないが、もちろん放ったままでもダメだ。

再び赤ちゃんをたとえに出すと、たとえば石油ストーブは熱い、絶対に触ったらダメだということは、火傷を負う前に何度も言って聞かせなければいけない。サッカーに置き換えれば、やられて学ぶよりも、先に言うことで失敗しないほうがいいと僕は考えている。

何も知らない赤ちゃんがストーブ触って、皮膚に残る火傷の痕とともにしてはいけないと教えるのは指導ではないと思う。ほとんど意味をなさない痛みであり、意味のないミスでもある。それよりも事前に言うことでミスを減らし、成功体験を増やしてあげるほうがはるかにいい。

結果が出ればいいとは思わない

杉岡に対しては放っておこうと決めていた僕だが、スコアレスドローに終わった昨年5月7日のFC町田ゼルビア戦後のロッカールームで、初めてカミナリを落としている。

後半のアディショナルタイムに入って、杉岡は自陣の右サイドで不必要なファウルを犯した。相手に与えた直接フリーキックが失点を招かなかったからよかった、と見過ごすわけにはいかなかった。

「0対0の状況で、あの時間帯で、なぜあのプレーを選択したのか」

的を射ない答えが返ってきたので、間髪入れずに言い返した。

「あんなところで、あんな時間帯にファウルをするなんて、自分は二流のディフェンダーだと周囲に言っているようなものだ。この先、ディフェンダーで生きていきたいのならあり得ない。フォワードの選手がたまたま守備に戻り、相手を倒したのならばまだわかる。なぜああなったのか、自分で考えろ」

もちろん、ネガティブな意味を込めてカミナリを落としたわけではない。ゼルビア戦では何度かボールを失ってもいるが、そうしたミスも織り込み済みで起用している部分もある。

杉岡がさらにいい選手になっていくには、状況ごとにやっていいプレーと悪いプレーを、瞬時に判断していかなければならない。だからこそ、杉岡が委縮するのをある意味で承知のうえで、もっともっと学んでほしいという思いも込めてあえて厳しい言葉を浴びせた。

さらに言えば、チームには坪井慶介（今シーズンよりレノファ山口ＦＣへ完全移籍）や島村毅といった経験のある選手たちがいて、僕の厳しい言葉に込められた真意を読み取って、必要ならば杉岡をフォローしてくれるという信頼関係がチーム内に築かれていることもあった。

昨季の杉岡は最終的に37試合に出場し、フィールドプレーヤーではＤＦアンドレ・バイアの３５０９分に次ぐ３２５１分のプレー時間を記録した。欠場した５試合はＵ‐20日本代表として参加したヨーロッパ遠征と、韓国で開催されたＦＩＦＡ・Ｕ‐20ワールドカップに出場したことに伴うものだった。

初体験のプロの舞台で、ゼルビア戦で犯したミスが昨シーズンでは繰り返されることはなかった。他のミスも然り。その原動力になったメンタリティーの強さは、ベルマーレユースで育ち、２種登録された10年シーズンを含めて、トップチームで６年間プレーし、16年シーズンからは浦和レッズに所属するＤＦ遠藤航に共通するものがある。

言われたことをインプットするのも、実際のプレーとしてアウトプットするのも遠藤のほうが早い。杉岡はちょっと時間がかかるタイプだが、不器用ながらも前へ、前へとボールを運ぶ推進力は遠藤と肩を並べていくレベルにある。

初めて監督を務めた12年シーズンに、ユースから昇格して2年目で、当時19歳だった遠藤を3バックの真ん中で起用した。そのときと比較すると、今シーズンの杉岡のパフォーマンスに対する大きな驚きはない。

正直に言えば、これくらいはやると思っていた一方で、左のアウトサイドでも及第点に達するプレーができたのは新しい発見だった。左サイドで上下動を繰り返しながら、6月10日の徳島ヴォルティス戦で決勝ゴールも決めたことは、本人にとってもすごく自信になったと思う。

ベスト16まで進んだFIFA・U-20ワールドカップでは、左サイドバックを務めていた。180センチ以上のサイズがあり、なおかつ左利きという左サイドバックは、いま現在の日本サッカー界にはなかなかいない。

まだまだ伸ばす部分はあるけれども、そうしたポジションができるようになれば、森保一監督が就任した東京オリンピック代表や、その先に待つA代表にも居場所を築きやすいのではないかと個人的には思っている。

ただ、この先も長くサッカーを続けていくうえで、ひとつだけ忘れてほしくないことがある。

僕は何も杉岡を成長させたいから、高卒ルーキーながら開幕戦から先発させたわけではない。杉岡がいい選手であるがゆえに、起用しているだけだ。

出場2試合目にして、杉岡が初ゴールを決めたザスパクサツ群馬戦後の監督会見。杉岡に対する評価を問われた僕は、昨シーズンのベルマーレに所属したすべての選手へのメッセージを込めてこう答えている。

「結果が出たからいいとは思わない。毎日の練習と週末の試合、そこを離れた時間を、常にサッカーに対していいものになるように準備しているのが彼に対する評価であり、代表に入ろうが入るまいが、試合に出ようが出まいが、その軸をぶらさないことが、彼が最終的にいい選手かどうか、皆さんがそう思うかどうかにつながっていくんじゃないかと」

鉄は熱いうちに打つ

石原に関してはプロになってから7試合目で初めてベンチ入りさせ、即デビューさせた一戦が、先述のヴェルディとの大一番になった。

もっとも、トップチームの公式戦でプレーするのは3度目だった。初出場は16年6月5日に福島県のとうほう・みんなのスタジアムで行われた、ヤマザキナビスコカップ（現YBCルヴァンカップ）グループステージAグループ第7節のヴィッセル神戸戦で、後半開始とともにピッチに送り出した。

当時の石原は湘南ベルマーレユースのキャプテンであり、ユースに所属したままトップチームの公式戦に出場できるように、ヴィッセル戦の2日前に2種登録を済ませたばかりだった。

ところが、後半開始を告げるホイッスルが鳴ってしばらくたつと、足が痛いというサインをベンチへ送ってくるではないか。

6月5日　2016ヤマザキナビスコカップ グループステージ 第7節

湘南ベルマーレ	VS	ヴィッセル神戸
0	前半　0-1 後半　0-1	2

GK	タンドウ ベラピ	
DF	岡本 拓也	
DF	坪井 慶介	
DF	奈良輪 雄太	
MF	田村 翔太	46分OUT
MF	武田 英二郎	
MF	神谷 優太	
MF	山根 視来	
FW	大竹 洋平	
FW	藤田 祥史	75分OUT
FW	齊藤 未月	
DF	石原 広教	46分IN　67分OUT
MF	菊池 大介	67分IN
MF	パウリーニョ	75分IN

GK	徳重 健太	
DF	東 隼也	
DF	北本 久仁衛	
DF	高橋 祥平	
DF	田中 雄大	64分OUT
MF	石津 大介	82分OUT
MF	田中 英雄	
MF	前田 凌佑	
MF	中坂 勇哉	
FW	小林 成豪	90+3分OUT
FW	渡邉 千真	
MF	藤田 直之	64分IN
MF	松村 亮	82分IN
MF	増山 朝陽	90+3分IN

【得点】湘南　　なし

【得点】神戸　　中坂(37分)　藤田(90+1分)

グループステージ最終節となった一戦で、ベルマーレはユース出身で当時17歳の齊藤と高卒ルーキーの神谷を先発で起用。しかし、前半に先制を許すと、後半アディショナルタイムにもダメ押しのゴールを決められ0対2で敗れた。この結果、ベルマーレはグループステージ敗退が決まった。

全力でプレーできなくなった石原を、後半22分にベンチに下げた。0対2で負けた試合後のロッカールーム。ミーティングを開催した僕は、ベンチ入りさせたすべての選手の前で石原にカミナリを落とした。

「後半から試合に入った選手が『足が痛いから』と途中でベンチに下がったら、交代枠はあとひとつだぞ。お前だけで2枚使っているんだから。そんなの、あり得ないだろう。痛いと感じていたなら、たとえ直前でも『無理です』と言ったほうがましだ。プロっていうのは、そういう世界なんだ」

表現は悪いかもしれないが、それこそボロクソに言った。直前の5月にひと足早くトップチームに昇格し、プロになっていた石原の同期生、齊藤未月にも「ユースチーム全体の意識が低いからこうなったんだ」と矛先を向けた。

あとになって聞いたことだが、石原よりも齊藤のほうが泣いていたそうだ。ミーティング後にシャワーを浴びながら「何でオレが言われるんだよ」とこぼしていたという。

それでも、ヴィッセル戦を終えた直後のあの瞬間に言っておかなければ、石原の心のなかに何も残らない。そう感じていたからこそ、鉄は熱いうちに打て、とばかりに僕は厳しい口調で続けた。

「どこも痛くない状態でプレーできる選手のほうが少ない。どこかに何かを抱えていても、気持ちでカバーするとか、何かをしていくのがプロの選手だ。それを理解しなければ絶対にダメだ」


その後の石原の立ち居振る舞いを見ていると、ヴィッセル戦を境に変わったことがはっきりとわかった。

ユースチームの練習も週2回ほど見てきた僕の目には、ヴィッセル戦までの石原の価値観のなかで、自分がしっかりプレーできているか否かが最も上に来ているように映っていた。

チームは負けたけど自分のプレーはよかった、悪いのはチームメイトたちのほうだ――ある意味では頼もしい考え方と言ってもいいが、ヴィッセル戦以降はチームが最上位に置かれるようになった。

自分はここでサッカーをやらせてもらっている。あるいは、周囲に恵まれていたからこそここまで来られたという感謝の思いを抱いていることが、練習中の前向きな様子からもひしひしと伝わってくるようになった。

トップチームに昇格しても、試合に出られないどころか、ベンチにも入れない日々が続いていた。サッカー人生で初めて経験する状況も、石原を内側から変えていったのだろう。


機は熟したと判断した僕はヴェルディ戦の前夜、石原に告げた。

「明日はお前で行く」

ポジションは左のアウトサイド。対面には力強いドリブル突破を武器とする高木大輔選手がおそらく先発してくる。

「対面の高木大輔をとにかく抑えろ。それがお前の役目だ」

プレーの面では若干の課題はあった。それでも、試合に臨むメンタル面に対しては不安を抱いていなかった。

石原と齊藤は、小学生年代を対象とした湘南ベルマーレジュニアにおける最後の選手だ。ホームタウン全域で開催するサッカースクールと、そのなかから選抜されたスーパークラスにより注力していくかたちで、ジュニアチームが活動を終えた11年3月に卒業し、中学生年代のジュニアユースに進んだ子どもたちのなかに2人も含まれていた。

ユースを含めてそれこそ10年近くベルマーレにいるだけに、試合で起用されればまず何をしなければいけないのかを熟知している。自分のストロングポイントを前面に押し出すこと。対面の選手に走り負けないこと。1対1の局面で負けないこと。彼らのなかにはベルマーレのDNAが力強く脈打っている。

特に169センチ、63キロの石原はファイターを自負している。それまでの生き様をヴェルディ戦で反映してほしかったからこそ、キックオフ直前にはこんな言葉を伝えてもいる。

「初めてなので絶対に上手くいかないこともある。だからといって、お前がやるべきことだけは絶対に変えるな」

湘南ベルマーレのアイデンティティー

当時のベルマーレの状況を説明すれば、石原に任せた左アウトサイドを主戦場としていた、キャプテンを務めて2シーズン目になる高山薫が長期にわたる戦線離脱を余儀なくされた直後だった。

高山は3月25日のジェフユナイテッド千葉戦の前半終了間際に、右ひざを痛めて途中交代を強いられていた。精密検査の結果、右ひざの前十字じん帯を損傷していることが判明。全治まで約8ヶ月もかかると診断され、4月4日には手術を受けていた。

ヴェルディ戦の前夜。石原に先発を告げた直後に、彼のスマートフォンに入院中の高山からＬＩＮＥで激励メッセージが届いたとあとになって聞いた。

実際、石原のプレーが何度も高山のデビュー時にダブって見えた。専修大学から11年に加入した高山は、ファジアーノ岡山をホームに迎えた3月7日のＪ２開幕戦で、後半31分から途中出場を果たしている。

当時の僕は反町康治監督（現松本山雅ＦＣ監督）のもとでコーチを務めて3シーズン目。さらにつけ加えれば、高山は川崎フロンターレのＵ‐15監督を務めた01年からの3年間、永木亮太（現鹿島アントラーズ）とともに僕の指導を受けた教え子でもあった。

高山のプレースタイルや、プロになった直後の不器用ながらも歯を食いしばって頑張っていた姿を鮮明に覚えているからこそ、図らずも石原と重なったのだろう。ヴェルディ戦後の監督会見で、高山の穴を埋める選手のめどが立ったのかと聞かれた僕はこう答えている。

「石原は前へ行くことしか考えていない。まだまだ下手くそで、それでも勇敢という意味では薫もそういう選手だったので、薫が初めてピッチに立ったときと本当にそっくりだと思って」

涙もろい僕はこのとき、メディアの皆さんの前で、恥ずかしながら少しだけ声を詰まらせてしまった。

高山の長期離脱は、当時のチームに少なからずショックを与えた。ルーキーイヤーからとにかくがむしゃらにプレーすることだけがストロングポイントだった選手が、その後にさまざまな経験を積んでベルマーレらしさの象徴となる選手に成長して、16年シーズンからはキャプテンを任せている。

ベルマーレの一員になった05年から、僕はジュニアユースおよびユースの監督をトータルで4年間務めている。そうした経験もあって、プレースタイルや、もっと言えばピッチ上における存在感そのものが高山とダブる選手が、ユースから昇格してきたことが無性に嬉しかった。

石原だけでなく齊藤も、ベルマーレのアイデンティティーをピッチ上で必死に具現化してくれている。ヴェルディ戦における彼らの姿を会見で思い出してしまったことが、僕の涙腺をちょっとだけ緩ませる原因となった。

ミスを脳裏に焼き付けなければいけない

ヴェルディ戦で後半32分までプレーした石原を、次節のFC岐阜戦では1点リードで迎えた後半12分からピッチに送り出した。

その後にオウンゴールなどで逆転されるも、DF岡本拓也が目の覚めるようなミドルシュートを豪快に突き刺して同点とした直後だった。石原が犯したあり得ないミスが、結果として岐阜のPKに結びついている。

ベルマーレがカウンターを仕掛けようとしたときだった。左サイドのハーフ

4月15日　2017明治安田生命J2リーグ　第8節

湘南ベルマーレ	VS	FC岐阜
3	前半　1-0 後半　2-3	3

GK	秋元 陽太	
DF	岡本 拓也	
DF	アンドレ バイア	
DF	杉岡 大暉	69分OUT
MF	齊藤 未月	
MF	菊地 俊介	
MF	石川 俊輝	
MF	下田 北斗	57分OUT
MF	奈良輪 雄太	
FW	ジネイ	
FW	山田 直輝	73分OUT
DF	石原 広教	57分IN
MF	秋野 央樹	69分IN
FW	表原 玄太	73分IN

GK	ビクトル	
DF	大本 祐槻	83分OUT
DF	田森 大己	
DF	ヘニキ	
DF	福村 貴幸	
MF	シシーニョ	
MF	庄司 悦大	
MF	永島 悠史	
FW	田中 パウロ淳一	
FW	難波 宏明	58分OUT
FW	古橋 亨梧	90分OUT
DF	阿部 正紀	83分IN
FW	風間 宏矢	58分IN
FW	山田 晃平	90分IN

【得点】湘南　菊地(9分)　岡本(79分)　ジネイ(85分)

【得点】岐阜　福村(62分)　OG(71分)　庄司(82分)

ベルマーレは前半早々に先制したものの、後半に逆転を許す苦しい展開。後半34分に岡本が豪快なミドルシュートを決めて同点に追いつく。奈良輪のハンドからPKを決められて再びリードを許したものの、後半40分に石原のクロスにジネイが頭で合わせて3対3に。両チーム合計6得点が生まれた乱打戦は引き分けに終わった。

ウェイラインを越えたあたりでボールを受けた石原が横パスを選択し、相手にインターセプトされてしまった。

ワンタッチで横パスを出したのならばまだ許せる。しかし、トラップして困った末に横パスを、それも受ける準備ができていない味方へ出すのは、チーム全体が前がかりになっている状況と、絶対にパスを通さなければいけない場面という点を踏まえても、セオリーを無視した選択だったと言わざるを得ない。高校を卒業したばかりだからと、大目に見ていいはずもなかった。

案の定、ベルマーレはカウンターを返された。岐阜の選手にペナルティーエリア内へ侵入されたところで、相手のクロスがMF奈良輪雄太の右手に当たってしまった。ハンドの反則を犯した奈良輪にはイエローカードが提示され、岐阜にはPKを決められて再びリードを許している。

もっとも、杉岡と同じく、石原もミスを引きずらないメンタリティーをもっている。正確に言えば、たとえミスを引きずったとしても、ギリギリのところで押し返す強さをもっている。

勝ち越されてからわずか3分後の後半40分。左サイドを抜け出した石原が左足で送ったクロスが、FWジネイ（現ヴァンフォーレ甲府）の同点ゴールを呼び込んだ。

プロ2戦目で初めてアシストを決めた石原は次の瞬間、ゴールにくるりと背を向けて、両手で小さなガッツポーズを作っている。そして自らのポジションである左アウトサイドへ小走りで戻る途中で、ベンチ前のテクニカルエリアにいた僕と目が合った。気がついたら、軽くタッチを交わしていた。

3対3で引き分けた試合後の監督会見で、ミスをアシストで取り返した石原に対する評価を問われた僕はこう答えている。

「パスをカットされたあのプレーは大いに反省してもらいたいけど、彼はまだJリーグに出場して2試合目の選手であり、そういった自分のミスを脳裏に残さなければいけない年齢でもある。そういうところも含めて使ったのは僕なので、仮に負けたとしても、石原本人をあまり怒るつもりはありませんでした」

ボールをもっているときのプレーは、まだまだ雑な部分が多い。それでも前方にスペースがあれば、たとえるならば鬼のように飛び出していく。1年目にして確固たるストロングポイントを搭載している石原が、2年目となる18年シーズン以降はどのようにして居場所を築いていけばいいのか。

豊富な運動量と守備における力強さに加えて、攻撃時にせめてシュートを枠に飛ばす、あるいは味方のゴールにつながるプレーができるようになればいいという意味では、アシストがひとつ明確についたことは悪くなかったと思う。


石原の1年目は10試合、568分のプレー時間にとどまった。特に後半戦は2試合で途中出場しただけで、ベンチにも入れない試合が続いた。

夏場以降に調子を落として試合に絡めなくなったなかで、同じポジションでプレーできる選手がどんどん増えてきた。名古屋グランパスから高橋諒が期限付き移籍で加入（18年からは完全移籍で加入）。杉岡も左アウトサイドでプレーできることを示し、シーズンの終盤には高山も復帰してきた。

ちょっとでも気を抜けば、自分のポジションがなくなってしまうのがプロの世界の掟でもある。そうしたシビアさも経験できたという意味では、プロのスタートとしては価値のあるシーズンを送ったと言ってもいい。

そして、岐阜戦で犯したミスは、昨シーズンのその後の戦いで繰り返されることはなかったこともつけ加えておきたい。

尖った部分がなければ世界では通用しない

高校2年生に進級したばかりの齊藤が、トップチームに2種登録されたのは15年5月22日。ちょうど1年後の16年5月23日には、プロ契約することがクラブ側から発表されている。

その5日前の5月18日。敵地・県立カシマサッカースタジアムで行われた、アントラーズとのヤマザキナビスコカップ・グループステージAグループ第5節で、齊藤を左のシャドーで先発させている。

結果として齊藤にとって、2種登録選手として最後の出場となった公式戦は、僕にとって印象に残るものとなった。

ベルマーレが3対2で逆転勝利した試合後、アントラーズの右サイドバック、西大伍選手が僕話しかけてきた。

「アイツ、まだ高校3年生ですか？　すごくいい選手ですね」

［4-4-2］の右サイドバックを務めた西選手と、［3-4-3］の左シャドーを務めた齊藤はポジション的にマッチアップする機会が多かった。そして、西選手がボールをもつたびに齊藤はアプローチするスピードをアップさせて、間合いを一気に詰めていった。

齊藤自身は後半11分に菊池との交代でベンチに下がっていたが、迫ってくる勢いのすさまじさ、何度でも追ってくる執念が「何だ、こいつ」という思いとともに、西選手の脳裏に強烈な残像として刻まれていたのだろう。

豊富な経験をもつ西選手から齊藤をほめられたことが、彼を指導する立場の人間としてとにかく嬉しかった。僕自身、相手ボールを刈り取る齊藤の能力は、J1の選手のなかも上位にランクされると、機会があるたびにメディアの皆さんの前でも公言してきたからだ。

もともと搭載されていた潜在的な能力である嗅覚と、ジュニア時代から培われてきたベルマーレのアイデンティティー、目の前の相手よりも走り、戦うという精神が齊藤のなかで化学反応を起こし、Jリーガーのなかでも特異な能力として

2016ヤマザキナビスコカップ　グループステージ第5節
鹿島アントラーズ(黒) vs 湘南ベルマーレ(白)

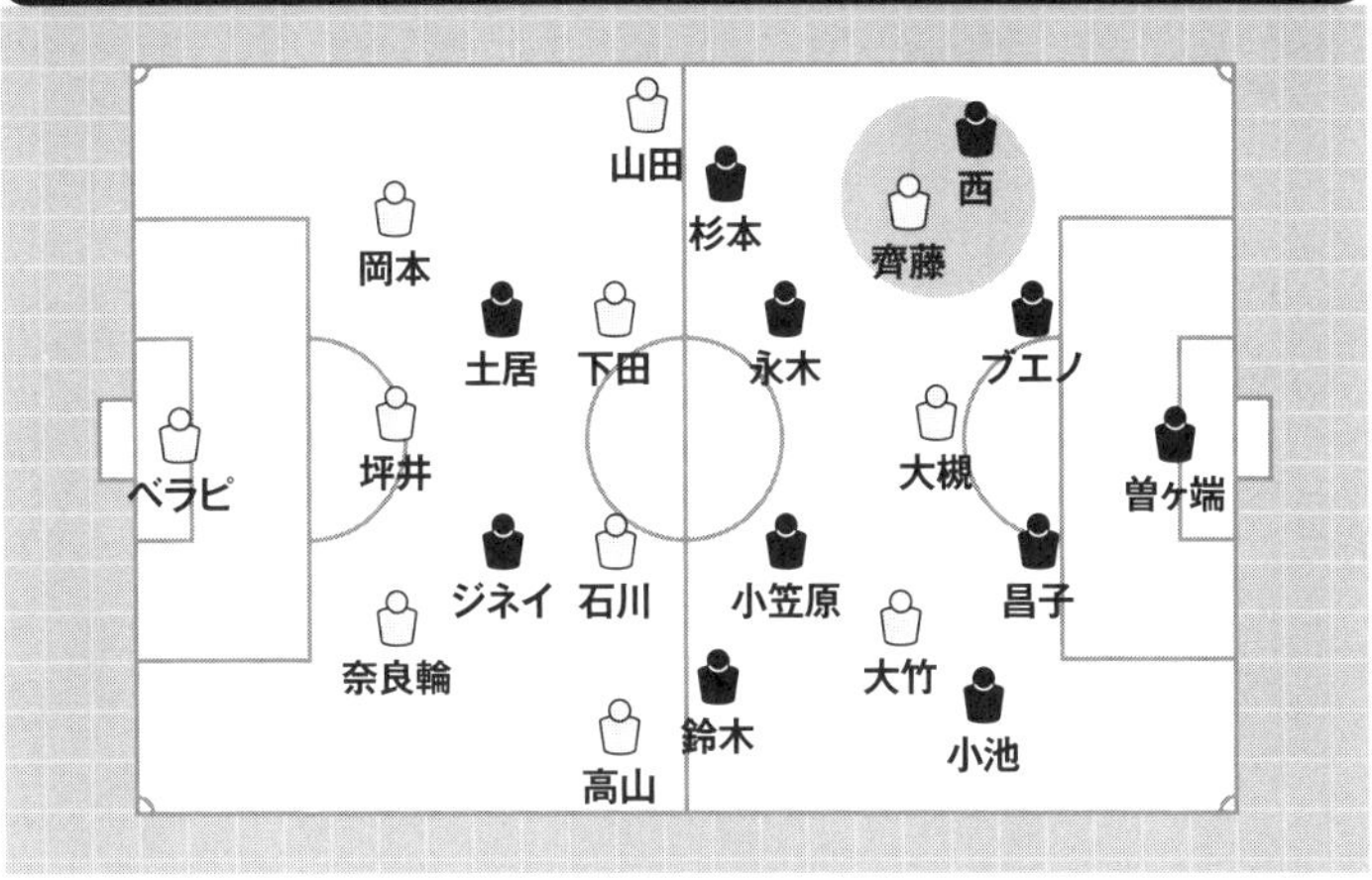

昇華しはじめていると言っていい。

相手にボールを支配されている試合のほうが、力を発揮する稀有なタイプでもある。年代別の日本代表にも名前を連ねてきた齊藤だが、ここから先、出場資格をもつ東京オリンピックを目指す、あるいは世界へ飛び出していこうと思えば、ダメなところをノーマルにしていく必要がある。

ならば、齊藤の足りないところは何か。19歳になったばかりの選手で言えばむしろストロングポイントとなるかもしれないが、将来的なことを考えれば、プレーが常に同じペースで推移していく点となる。

緩急がないと表現すればいいだろうか。

もっとゆっくりプレーしろとか、あるいは手を抜けと言っているわけではない。若さゆえに真っすぐに、最短距離を突き進んでいきたいという気持ちが上回り、齊藤の場合は一本調子になってしまう。

プロになったばかりのころは、それでもかまわない。しかし、これからは「お前みたいに真っすぐ来るやつは簡単だよ」と、巧みにいなしてくる相手が多くなる。となれば、奪いに行く側もちょっと考えなければいけない。

昨シーズンの齊藤は、Ｊ２の舞台で30試合に出場した。そのうち先発は14度、プレー時間も１３７８分を数え、Ｊ１を戦った16年シーズンの5試合、１８３分から飛躍的に伸びた。

杉岡や石原とともに、濃密な経験を積んだと言ってもいいはずだ。その一方でピッチ上におけるパフォーマンスを注意深く見ていると、トラップミスなどでボールを失ったとしても、自分ならば取り返すことができると心のどこかで思っていることが伝わってくる。

ただ、対戦相手のレベルも上がってくるＪ１の戦いになれば、自ら失ったボールをすぐに取り返すことは簡単な作業ではない。プレーが一本調子なところを含めて、そういう部分を変えていかなければいけないとはわかっていたが、昨シーズンまではあえて多くの注文をつけなかった。

そこにはサッカーに携わる指導者の一人として、齊藤を平均的な選手にはしたくないという思いがはたらいていた。やはりどこか尖っている部分がなければ、世界で通用する選手にはならないからだ。あれこれ指導することで、尖った部分がスポイルされれば本末転倒となる。

日々の練習を無意識に、夢中になって積み重ねていけば、尖った部分は必然的に磨かれていく。しかし、対照的に足りない部分は、たとえば腹筋が弱い選手は意識して腹筋を鍛えるし、走力が劣る選手は徹底して走り込むように、それまでの考え方を変えて、意識して取り組まなければいけない。

齊藤未月という選手は一人しかいない

昨シーズンのＪ２を戦い終えた後の練習から、齊藤には少しずつ言うようにしている。

何もダメな部分をプラスに転じさせる必要はない。というよりも、そもそもプロのレベルになれば、ダメな部分をスーパーな域に引き上げる作業はほぼ不可能だと言っていい。

それでも、ダメな部分をイーブンにすることはできる。そして、イーブンになれば尖っている部分がさらに輝きを増してくる。

失礼を承知で言えば、日本代表として歴代最多の国際Aマッチ152試合に出場したMF遠藤保仁選手（ガンバ大阪）に、齊藤のようにボールを奪うプレーを身につけさせようと練習を積ませても、さして効果は見込めないと思っている。

しかし、遠藤選手は足が止まらないし、自分の間合いになればスッとボールを奪うこともできる。ボールを奪う力がマイナス状態であれば、クラブと日本代表であれだけの実績を残す選手にはならなかっただろう。

そういう考え方のもとで、齊藤に足りない部分を認識させるアプローチはそれこそ無限にあると言っていい。

たとえばテニスの映像を見せたほうがいいかもしれないし、ラグビーの映像を見せたほうがいいかもしれない。あるいは、スポーツから離れて、国会における政治家の答弁を見聞きさせたほうが効果的かもしれない。

無限と言える理由は単純明快だ。齊藤未月っぽい選手は何人かいるかもしれないけれども、齊藤未月という選手は世界に一人しかいない。ゆえに絶対にうまくいくアプローチというものは存在しない。あれば誰も努力しない。

存在しないからこそ指導者がいるわけであり、存在しないからこそさまざまな研究が積み重ねられるなかでテクノロジーもどんどん発展していく。そもそも、去年できたのだから今年もできる、という考え方は間違っている。

プロ野球で優勝したチームが、翌年は一転して下位に甘んじる例が実際に少なくない。理由は別に驕っているわけでも、ましてや勘違いしているわけでもないと僕は思う。

昨シーズンのＪ２を戦ってみて感じたことでもあるけれども、相手や時代が変わっている以上は、過去と同じ成功体験を求めた時点で競争に負けかねない。同じようなアプローチをしているようで、その実、根本にあるものは違う。そうした点を見極めて、克服していく努力が指導者には求められると思っている。

青は藍より出でて藍より青し

V・ファーレン長崎をホームに迎えた6月3日の明治安田生命J2リーグ第17節で、齊藤をゲームキャプテンに指名した。

試合前日の時点で、18歳の齊藤に大役を任せることを決めていた。キャプテンを決める場合に僕のなかで絶対にブレないのは、監督が決めるということ。その選手が周囲から認められているから、リーダーシップがあるから、あるいはゴールを決めそうだから、ということが理由でキャプテンを任せることはない。

昨シーズンのベルマーレはチームキャプテンが高山、副キャプテンがGK秋元、DFアンドレ・バイア、MF菊地という体制でスタートしたが、開幕から5試合を終えた段階で高山が長期離脱を強いられた。

菊地がキャプテン代行を務めたカマタマーレ讃岐戦を終えた直後に、チームキャプテンを高山から菊地へ正式に交代させた。しかし、その菊地も5月27日のモンテディオ山形戦後に、右の太ももを痛めて戦列を離れてしまった。

再びチームキャプテンが不在となった状況で、初めて迎える試合がV・ファーレン戦だった。前日の練習を終えた後に副キャプテンの秋元とバイア、柏レイソル時代にゲームキャプテンを務めた経験をもつMF秋野央樹をクラブハウス2階の監督室に集めてこう告げた。

「明日のゲームキャプテンは未月でいく」

十代の選手がベルマーレでゲームキャプテンを務めるのは、僕が監督をスタートさせた12年シーズンに、いま現在は浦和レッズでプレーする遠藤を指名して以来となる。

当時の遠藤は19歳。チームキャプテンはこの年限りで引退し、いま現在はベルマーレのスポーツダイレクターを務めるMF坂本紘司だったが、坂本が先発しないときには遠藤をキャプテンに指名した。

カテゴリーがひとつ上の年代別代表にすでに飛び級で選ばれていた遠藤だが、世の中に名前が広く知れわたっていたわけではなかった。ベルマーレそのものも監督が僕に代わり、メンバーも大幅に若返り、J2で14位だった11年シーズンから再出発を図ったときだった。

ある意味でプレッシャーがあまりない状況で、ＰＫのキッカーも務めた遠藤はチームで２番目に多い７ゴールをあげた。対照的にＶ・ファーレン戦における齊藤は、かなりプレッシャーを感じていたと思う。


おりしも前半戦のＪ２は、ひとつ負ければ順位を大きく落としてしまうような大混戦が続いていた。この試合も後半13分に加入４年目のＭＦ石川俊輝のプロ初ゴールで先制したものの、５分後に追いつかれてからは、ともに上位につけていたＶ・ファーレンとの一進一退の攻防が続いていた。

迎えた後半30分すぎに、ほんの一瞬ながら、齊藤の心が折れそうになったと僕の目には映った。自分の思う通りにプレーができない状況が続いていたところで、相手にボールを奪われたときだ。

それでも必死にメンタルを立て直した齊藤は、最後までピッチに立ち続けた。左腕に巻いたキャプテンマークが、齊藤に歯を食いしばらせたと思っている。

十代でゲームキャプテンを務めた遠藤はいま、日本代表として６月に開幕するワールドカップ・ロシア大会出場を狙える位置で戦っている。遠藤が具現化したベルマーレのDNAと呼ぶべきプレーが、しっかりと齊藤に受け継がれていると感じずにはいられなかった。

1対1のまま引き分けた試合後の監督会見で、弟子が師よりも優れていることを意味する、「青は藍より出でて藍より青し」ということわざを、齊藤をはじめとする若い選手たちへのメッセージを込めてあえて使わせてもらった。

いい意味で僕やクラブを超えてオリジナリティーを出して、世の中にしっかりと二本足で立って生きていってほしい。日本を代表する選手に、海にたとえれば熱帯魚がたくさんいる、どこまでも青い大海原の中心で泳いでいけるようにサポートしなければいけない、とあらためて思った一戦でもあった。

キャプテンマークを巻いた齊藤のプレーには同じ学年の2人、FIFA・U-20ワールドカップを戦い終えて戦列に復帰した杉岡、V・ファーレン戦はベンチ外となった石原も刺激を受けたはずだ。

特に齊藤と石原は幼なじみで、幼稚園の年長で藤沢FCというサッカー少年団で出会って以来、ベルマーレのジュニア、ジュニアユース、ユース、そしてトップチームとすべて同じ道を歩んできた。よきライバルとして、これからも切磋琢磨していってほしい。

ひどかったというイメージを抱かせたほうがいい

試合に出られないときに何をどう感じるのかも、長い目で見ればチャンスとなる。目では追いかけているけれども、心のなかでは放任しておく――選手を成長させるうえで、僕のなかにおける鉄則とも言える2つの考え方がほぼそのまま当てはまったのが、昨シーズンの神谷となる。

5月7日のFC町田ゼルビア戦でアンカーとして先発させた神谷を、前半31分の段階で齊藤との交代を命じてベンチへ下げている。

開始早々の接触プレーでイエローカードをもらった神谷は、ボールに対して厳しくいけなくなっていた。中盤の形を変えて対処したものの、状況が変わらなかったので1枚目のカードを切る決断をくだした。

監督を務めて6年目で、けが人が出た試合を除いて、前半の段階で選手を交代

5月7日　2017明治安田生命J2リーグ　第12節

FC町田ゼルビア	VS	湘南ベルマーレ
0	前半　0-0	0
	後半　0-0	

GK	髙原 寿康	
DF	大谷 尚輝	
DF	深津 康太	
DF	増田 繁人	
DF	松本 怜大	
MF	戸島 章	84分OUT
MF	井上 裕大	
MF	森村 昂太	
MF	谷澤 達也	61分OUT
FW	中島 裕希	
FW	吉田 眞紀人	71分OUT
MF	吉濱 遼平	61分IN
FW	重松 健太郎	71分IN
MF	平戸 太貴	84分IN

GK	秋元 陽太	
DF	岡本 拓也	
DF	アンドレ バイア	
DF	杉岡 大暉	
MF	奈良輪 雄太	
MF	秋野 央樹	71分OUT
MF	菊地 俊介	
MF	石原 広教	77分OUT
FW	神谷 優太	31分OUT
FW	ジネイ	
FW	端戸 仁	
MF	齊藤 未月	31分IN
MF	石川 俊輝	71分IN
MF	シキーニョ	77分IN

【得点】湘南　　なし

【得点】岐阜　　なし

ゴールデンウィーク最初の2試合が1勝1敗だったゼルビアに対し、2連勝のベルマーレ。開始3分でイエローカードをもらった神谷はその後も精彩を欠き、前半31分に齊藤と交代に。その後もベルマーレはゼルビアのアグレッシブな守備に苦しみ、前半をスコアレスで折り返す。ベルマーレは後半途中から初出場のシキーニョを投入して打開を図るもゴールを割ることはできず、試合はスコアレスドローに終わった。

させたのは1、2回しかなかったと思う。試合後の監督会見では、質疑応答に移る前の総括で自ら神谷の交代に言及した。

「それだけ彼はひどかったということ。ただ、ひどかった、イコール、悪かったではない。ひどかったと思えるプレーを一度しないと、特に若い選手はなかなかわからない。チーム状態に関係なく、今日は（神谷）優太が学ばなければいけない日だった」

神谷にとっては、ゼルビア戦が昨シーズンで3度目の先発だった。チームのために必死になって頑張ろうと、かなり高いモチベーションでキックオフへ臨んでいたことも伝わってきた。

さかのぼること5月2日に、韓国で開催されるFIFA・U‐20ワールドカップに臨む代表メンバー21人が日本サッカー協会から発表されていた。杉岡は名前を連ねたが、有力候補だった神谷は涙を飲んでいる。

目標にすえていた舞台に立つ夢がかなわなかった。胸中に抱いたたとえようのない悔しさを、もちろんゼルビア戦へのモチベーションに変えていたはずだ。ただ、がむしゃらに頑張るプレースタイルは神谷本来のそれではない。

もちろん頑張る姿を否定するつもりはないが、最初のプレーがイエローカードの対象となってしまったことで空回りが始まってしまった。

いつもはボールをもてばしっかり顔を上げられる選手なのに、視野は極端に狭くなり、どこか怯えてもいる。チームが勝つことを考えても、神谷があのまま頑張り続けてもおそらく何もない、と判断せざるを得ない状況だった。

一方でこんな思いも、僕の脳裏を駆けめぐっていた。

「この状況、この時間帯で代えたら、神谷はずっと落ちていくだろう」

予感は的中した。次に先発としてピッチへ送り出したのは、9月16日のカマタマーレ讃岐との第33節だった。

ゼルビア戦以降の約4ヶ月半の間に行われた20試合のうち、神谷をベンチ入りさせたのは6度。唯一の出場となった6月3日のV・ファーレン戦は、FWジネイの故障により後半開始からスクランブル出場させたものだった。

あとの5試合はリザーブのままで終わった。特にベンチにも入れなかった14試合は、ピッチのなかでプレーに絡んでいける状態ではなかった。

ただ、僕のなかでは想定内だったというか、神谷のメンタル面がどん底にまで落ち込むきっかけがゼルビア戦にあるとわかっていても、もちろん後悔することはなかった。

後半の無難な時間帯に中途半端な形で代えるよりも、むしろゼルビア戦はひどかった、というイメージを抱かせたほうがいい。それくらいはっきりさせたほうが、長い目で見れば神谷のためにもなる。

ゼルビア戦後の神谷の一挙手一投足を見れば、前半で代えられた僕の采配に対して彼なりの思いと納得できない様子がすぐわかった。だけど、そのことを咎めるつもりはないし、むしろ納得していないのにわかりましたという態度を僕は咎めるようにしている。

ルーキーイヤーだった16年シーズンに、神谷はＪ１の舞台で14試合、６６１分間プレーしている。もっとも、周囲がさらなる成長を期待した２年目へ向けて、僕自身は少なからず不安を抱いていた。

16年のセカンドステージに向けたポスターに起用され、オフの間に背番号が「28」からひと桁の「7」に変わった。ある程度年俸もあがったなかで、まだプロ1年目を終えたばかりの19歳が「このチームの中心になれそうだ」と思っても決して不思議ではなかった。

嫌な予感は的中した。新チームによる最初の練習から、ちょっとフワフワしているような状態だった。スペインで行ったキャンプでも、まったくといっていいほど精彩を欠いていた。神谷に関してもっと強くクラブに対して言えばよかったと、何度後悔しただろうか。

プレーするということは戦うということ

もっとも、クラブに対する僕の進言が通り、たとえ背番号が「28」のまま2年目を迎えていたとしても、自分のリズムを崩してしまうような状況が大なり小なり訪れていたと思う。

これが杉岡や石原、齊藤のようにがむしゃらさを前面に押し出して頑張っていくタイプの選手であれば、壁にぶつかったとしても乗り越えていけるだけの術をもっている。ひるがえって神谷のようにセンスで勝負するタイプは、壁を前にして立ち止まり、いわゆる伸び悩みという状態に陥りやすい。

ましてや、高校3年生のときの神谷のプレーを見て、ちょっと自然体じゃないなと僕には思えた。東京ヴェルディのユースをやめて、青森山田高校に編入したことが美談のように語られていたけれども、実際にはそうじゃない部分が少なくないのでは、と察していた。

そうした事情があったからこそ、2年目の始動直後から精彩を欠く状況は、ある意味で予想の範囲内だったと言っていい。

「プレーするということは、イコール『戦う』ということで、決して技術の品評会ではないんだよ」

ゼルビア戦後のロッカールームを含めて、何度かこんな言葉をかけた。それでも神谷は逃げなかった。ピッチを離れたところで第三者に話を聞きにいくこともあれば、やっぱりサッカーしかないと一心不乱に練習に打ち込み、悩みを解消しようとした時期もあった。

本が一冊書けるほどの、まるでドラマにでも出てくるような試練と向き合ってきた結果として、神谷の状態は秋口から飛躍的によくなった。

台風による大雨が降るホームのピッチへ、ゼルビア戦以来となる先発で送り出したカマタマーレ戦後の監督会見で、後半27分までプレーした神谷に対して僕はこう言及している。

「ゴールデンウィークの町田戦の前半で途中交代させてから、皆さんのなかでは時間が止まったような感じだったかと思いますけど、日々の練習や練習試合、天皇杯を含めてサッカーに向き合いながら、しっかり取り組んでいたことはわかっていた。町田戦といまとでは置かれた状況も変わっているし、プレッシャーのかかり方も違うなかで、よくやってくれたと思う」

試合にほとんど出られなかった4ヶ月半で、神谷のどこが変わったのか。答えは「自分はそんなに上手くない」と、いい意味で開き直った点にある。

他の選手と比べて飛び抜けている部分はないものの、それでもサッカーが大好きだという思いがひしひしと伝わってくる。

実際、プレーも非常にスムーズになってきた。以前は何かにとらわれているような感じを受けることが多かったが、いまは余計なものを振り返ることなく前へ、前へと進んでいこうとしている。

シーズン終了後の12月には、東京オリンピックに臨む男子代表の監督に就任したサンフレッチェ広島元監督の森保一氏のもと、タイで開催された国際大会M‐150カップを戦うU‐20日本代表に選出された。しかも「10番」を託され、U‐23タイ代表戦、同ウズベキスタン代表戦ではゴールも決めている。

3年目の今シーズンは、期限付き移籍したJ2の愛媛FCでプレーする。オファーを受けた神谷がベルマーレでの2年間を振り返ったうえで、勝負への責任を負いたいと強く望んで決断した。

プロとしてスタートした16年シーズンが、ゼロからプラス3くらいまでいったとするならば、7試合、414分間の出場に終わった昨シーズンの一時期はマイナス10まで一気に落ちた。そこから自分の力ではい上がり、最後はマイナス2くらいまで戻ってきた感じだろうか。

試合に出られないどん底の状況を、どのようにすれば変えられるのかと自問自答を繰り返した時間が転機となった。僕自身もチャンスを与える然るべきタイミングだと思ったからこそ、カマタマーレ戦で先発させた。目の前の現実と真正面から向き合った積み重ねとして、状況を上向きに転じさせた体験は神谷に自信を与えたはずだし、愛媛でプレーする今シーズンの大きな支えになると信じている。

うまいと思ってるかもしれないけど、並だよ

選手がもっている可能性を新たに引き出すうえで、周囲には驚かれるようなコンバートを行ったことも少なくない。

昨シーズンで言えば、桐蔭横浜大学から攻撃的MFとして加入して2年目だった山根視来を、開幕戦から3バックの右で起用し続けた。開幕へ向けたスペインキャンプで、コンバートを告げられた山根本人が誰よりも驚いたはずだ。けがで出遅れたこともあり、ルーキーイヤーはリーグ戦の出場がゼロに終わっていた山根に、僕はこんな言葉をかけている。

「お前は前をやってても無理だから、今年はここをやってみろ」

昨シーズンを戦ううえで、3バックの右を誰にするかが、僕のなかにおける懸案事項でもあった。

浦和レッズから期限付き移籍で加入して、2年目を迎えていた岡本拓也はけがで離脱していた。坪井と島村の両ベテラン、そして中央大学から加入して3年目の岡崎亮平は、どちらかと言えば1対1の場面で頑強に相手を止めていくタイプのディフェンダーだった。

ベルマーレらしさを出していくためには、3バックの左右にはモビリティーをもたせたかった。左は高卒ルーキーの杉岡を起用できるめどがある程度ついていた。右に関しては補強も考えた時期もあったが、開幕への準備を進めながら、既存の戦力のなかから見つけていくことになった。

そうした経緯のなかで、ドリブルを武器とするサイドアタッカーという触れ込みで、ベルマーレの一員になって2年目の山根に白羽の矢を立てた。しかし、上手くはまる確率は2割くらいかなと僕自身は考えていた。

つまり、8割方はダメかもしれないと考えていたコンバートだった。消極的な決断ではあったが、実際にディフェンスラインをコントロールする準備の仕方などを教えたら、ボールがないときに絶えず首を振る動きやポジション取りなどを上手く実践できた。

そして、スペインキャンプで行った最初の練習試合、水原三星ブルーウィングス戦（韓国）でも非常によかった。身体能力はある程度高いことはもともとわかっていたが、実際に1対1の状況で相手を振り切れるスピードがあるし、そのまま敵陣の奥深くまで抜け出していくこともできる。

これはいけるかもしれない、と確信を抱いた僕はスペインキャンプを通して山根を3バックの右でトライさせた。迎えた水戸ホーリーホックの開幕戦。敵地まではるばる応援に駆けつけてくれたファンやサポーターの方々は、さぞかし驚いたことだろう。

来日3年目のアンドレ・バイアの左右には、ともにデビュー戦となる杉岡と山根が起用されていたからだ。1対0で勝利した試合後の監督会見で、僕は2人に自らこう言及している。

「新人の杉岡と、2年目で初めて、それもディフェンダーというポジションで試合に出た山根は非常にベルマーレらしい選手として、自信をもって90分間プレーしてくれたと思っている」

ルーキーイヤーの山根は、ベンチ入りも一度だけだった。それも、J2への降格が決まった後のことだ。

おそらく自問自答を繰り返していた山根に、こんな言葉をかけたことがある。

「お前、自分では『ドリブルが上手い』と思っているかもしれないけど、オレから見れば並だよ」

山根にとっては、ショックな言葉だったかもしれない。ベルマーレに加入するきっかけは、15年9月5日の第95回天皇杯全日本サッカー選手権2回戦。ベルマーレが4対3のスコアで桐蔭横浜大学を振り切った一戦で、追撃の1点目を決めたのが左サイドハーフでプレーしていた山根だった。

試合後にはベルマーレの強化部が、練習参加を打診している。ベルマーレに対してポジティブなイメージを抱いていた縁もあり、加入した山根に対して僕はあえて厳しい言葉を浴びせ続けた。

「ドリブルは下手ではないけど、並だよ。だって、ドリブルでもち運んでいっても、クロスもシュートもないじゃん。オレだったらわざと抜かせて、後ろからついていって、お前が止まったときに寄せてボールを奪うよ」

直後から練習に対する山根の取り組み方が変わった。とにかく守備で頑張るようになった。ボールをもつ相手に対して、不格好ながらもガツガツいく。3バックの右へのコンバートに対して抱いた2割の成功確率のなかには、山根に見出した新たな発見も含まれていた。

「こいつ、守備が嫌いじゃないんだな」

攻撃の練習をすると言って、その実は守備役に回る選手たちを見ていることが僕の場合は少なくない。もちろん選手たちには言わないけれども、どのような対応をするのか、こういう動きができるのかという視点のなかで、山根のがむしゃらさが目に留まった。

今のままじゃ絶対に上じゃ通用しない

昨シーズンの山根は最終的に37試合に出場した。３２２３分を数えたプレー時間は、フィールドプレーヤーではバイア、杉岡に次ぐ数字であり、６月17日の京都サンガ戦からは、23試合連続で先発フル出場も続けていた。

しかし、ＦＣ町田ゼルビアをホームに迎えた11月19日のシーズン最終戦。１点をリードされた前半41分の段階で、僕は山根をベンチに下げている。普通に考えればありえないタイミングで交代させた理由を強い口調で説明した。

「お前、いまのままじゃ絶対に上で通用しないよ。それをわからせないといけないから代えたんだよ」

Ｊ２優勝を決めたファジアーノ岡山との第39節前後から、山根のパフォーマンスはよくなかった。試合に臨むメンタルが整っていないからか、チャレンジ精神に著しく欠けている。よかったときの映像を見せながら何度も指摘したが、いっこうに改善されない。

同じミスを何度も繰り返すのは、要は何も考えていないからだ。僕のなかで我慢の限界を超えた。1点ビハインドのまま迎えたハーフタイム。山根だけでなくチーム全体に対して、厳しい言葉を浴びせた。

「前半は全然ダメだったけど、半分はオレの責任だ。山根を使ったオレの責任だけど、半分はお前らにある。全員がこれだけ球際でアプローチにいかなくて、相手の勢いに押され続けたら、何をやろうとしてもこうなるわ」

唐突に言われた選手たちは、おそらく「何だよ」と思っただろう。以前の僕だったら「ちょっときつい言い方かな」と逡巡したかもしれないし、すべての責任は監督である自分にあると言っていたはずだ。

詳しい理由は組織論の章でも触れたが、選手たちをより信頼していた分だけ、昨シーズンは「責任の半分はお前らにある」と思ったことを戸惑うことなく、自然に言うことができた。

交代した直後のベンチに続いて、ロッカールームでもやり玉にあげられた山根は、さすがに落ち込んでいた。ずっと下を向いたまま、それ以外のアクションを起こせないでいた。それでも、シーズンの最終戦で悔しい思いをさせて、オフにもち込ませたほうが絶対にプラスになる。

オフになれば友人たちから祝福されたはずだ。たくさん試合に出て優勝に貢献して、しかもディフェンダーなんてすごいね、と。いい気持ちになるに決まっているから、その前に僕が落としたかたちとなった。

もちろん、山根の3年目を考えていたからに他ならない。落とされているうちが華というか、落とされることもなくずっと下から上を眺めている選手の気持ちも理解してほしかった。誰よりも山根自身が、16年シーズンは眺めている立場だったことを忘れないでほしかった。だからこそ、心を鬼にして言った。

できることをやろうとしないのは許さない

ホームに東京ヴェルディを迎え、2対0で勝利した7月16日の明治安田生命J2リーグ第23節では、予期せぬ来訪者から祝福された。

ジュニアからベルマーレひと筋で育ち、15年シーズンからは清水エスパルスでプレーするDF鎌田翔雅が、家族を伴って観戦に訪れていた。

ちょうどJ1がサマーブレイクに入っていた時期。中断する前の最後の試合となった7月8日のガンバ大阪戦で、鎌田はプロになって10年目にして待望の初ゴールを決めていた。

敵地で大分トリニータと0対0で引き分け、ホテルへ戻るバスに乗り込んでスマートフォンで全試合の結果をチェックしているうちに、鎌田がゴールを決めたことに気がついた。

すぐにLINEで「おめでとう」とメッセージを送ったら、そのお礼と近況報告も兼ねて訪ねてきてくれた。鎌田はもともと、フォワードもしくはサイドハーフを務める攻撃的な選手だった。しかし、ユースの最上級生になった07年、監督を務めていた僕は右サイドバックへのコンバートを告げている。

「前のほうが好きかもしれないけど、後ろをやれ」

山根の場合と同じく、攻撃的なポジションを担うには最後の部分、クロスやシュートにおいてセンスに欠けていた。どんなに練習を積んだとしても、残念ながらセンスを育むことはできない。

プロの世界ではディフェンダーでしか生き残れないんじゃないか、という消極

鎌田翔雅　リーグ戦年度別成績

年度	リーグ	所属	出場	ゴール
2008	J2	湘南	2	0
2009	J2	湘南	7	0
2010	J2	千葉(期限付き)	15	0
2011	J2	湘南	20	0
2012	J2	湘南	40	0
2013	J1	湘南	21	0
2014	J2	岡山(期限付き)	15	0
2015	J1	清水	11	0
2016	J2	清水	8	0
2017	J1	清水	29	2

的な決断だった点でも、球際の激しさとハードワークを身上としていた点でも、山根に似たものがあった。

ベルマーレの監督に就任した12年シーズン。山根と同じ3バックの右として40試合で出場させて、チーム最多となる3447分にわたってプレーしたのも鎌田だった。ある時期、先発メンバーのなかで無得点だったのが、ゴールキーパーと鎌田だけだったことがある。

「アイツにはゴールを期待していませんから。シュートを打つまではスーパーな選手なんですけど」

監督会見でこんな言葉を残していただけに、鎌田の初ゴールが嬉しくないはずがなかった。

英語を学ぶことが嫌いな子どもに、イングリッシュスクールに通わせるのはある意味で親のエゴと言ってもいい。それでも、勉強の世界ならば親のエゴも、時間がたてば「学んでいてよかった」に変わるかもしれない。

ひるがえってサッカーの世界では、ちょっと無理だなと思えるポジションで続けさせるのは、選手にとってもよくない。センスはなくてもある程度できた鎌田は、僕以外の指導者ならばコンバートさせなかったかもしれない。もちろん、その後がどうなっているかは誰にもわからない。

ただ、エスパルスの右サイドバックとしてJ1の舞台で存在感を放ち、8月13日の柏レイソル戦ではアクロバティックな2点目を決めている鎌田の活躍ぶりを見ていると、彼のサッカー人生に関わった指導者の一人として、逆にエールとエネルギーをもらったような思いにさせられた。

初めてJ1を戦った13年シーズン。横浜F・マリノスとの開幕戦で2対4の逆転負けを喫した後の第2節から、鎌田を先発だけでなく、ベンチ入りメンバーからも外した。

サガン鳥栖、清水エスパルス、名古屋グランパスとのリーグ戦と、大宮アルディージャとのヤマザキナビスコカップ（現ＹＢＣルヴァンカップ）のグループリーグの計４試合を、あえてピッチの外から観戦させた。

けがをしていたわけではない。鎌田にとっても初めてＪ１を戦ったマリノス戦は、１点をリードして迎えた後半29分以降に３点を立て続けに失った。ベルマーレの選手たちの足が止まっていたこともあるが、その時間帯で鎌田には後ろ向きなプレーが目立っていた。

もともとファイトできる選手だし、Ｊ１のプレッシャーに気圧されるようなレベルでもないと思っていた。自分自身で考えて、外された理由に気づいてほしいという思いを込めて、何も説明することなくベンチから外した。

ミスをしたという理由で、選手を外すことはいままでも、そしてこれからも絶対にない。監督がそうした指導をすれば、選手は絶対に伸びない。しかし、自分にできることをやろうとしない、わかっていることに対して向き合わないのは、僕のなかでは許されないことだ。

当時のマリノスの攻撃陣には、司令塔の中村俊輔選手（現ジュビロ磐田）がいて、鹿島アントラーズ時代に得点王とMVPを獲得したFWマルキーニョス選手がいて、後半の途中からはドリブラーの齋藤学選手（現川崎フロンターレ）も投入されてどんどんプレッシャーをかけてきた。

戦ったことのない相手と向き合う不安は前提としてあるけれども、そうした前提を許してしまえば選手の成長曲線が上昇カーブを描くこともない。選手に説明するか否かの違いはあるけれども、13年シーズンの開幕直後の鎌田と昨シーズンの最終節の山根に対するアプローチは、どこか通じるものがあった。

選手を見る感覚は親子の関係に似ている

この章で何度か名前をあげてきた、いま現在は浦和レッズでプレーし、日本代表にも名前を連ねる遠藤もコンバートさせた一人だ。

13年シーズンの開幕前に行ったタイキャンプで右太ももの裏に肉離れを負った遠藤は、治療とリハビリで前半戦を棒に振っている。戦列に復帰させたのは7月

10日の柏レイソル戦。J2を戦った12年シーズンと同じく、3バックの真ん中でプレーさせた。

しかし、試合を重ねているうちに、僕のなかである疑問が頭をもたげてきた。これから先、世界の舞台に出ていくことになるかもしれないまだ20歳の選手に、最終ラインをコントロールする、味方が競ったこぼれ球を拾うことを含めたカバーリングを求める、あるいはパスを配給させるだけでは可哀想というか、いくらチーム事情があるとはいえ、ちょっと違うんじゃないかと。

遠藤と初めて出会ったのは、僕がベルマーレユースの監督を務めて2年目の07年。横浜市の南戸塚中学にいいキーパーがいると聞いて、練習を見にいったときだった。そのキーパーはサンフレッチェ広島ユースへ進むことが決まっていると知らされたこともあり、帰ろうかなと思った直後だった。

同じチームの守備陣のなかで、異彩を放つ存在が目についた。足は遅いし、体もまだひ弱そうに映った一方で、ボールを蹴る直前に常に顔を上げている。視野が広く保たれているから、単純にクリアすることもなく、しっかりとパスをつなごうとしている。

あれは誰だろう、とすごく気になったのが実は遠藤だった。すぐにユースの練習に招待して、柏レイソルU-15との練習試合でも起用した。試合には負けたものの、遠藤のプレーを見ながら「フィジカルがついてきたら、この子はすごい選手になるだろう」と思わずにはいられなかった。クラブを通して、すぐにオファーを出してもらった。

自分のことをよく言うつもりではないけれども、当時は僕以外の人間は誰も遠藤のよさに気づくことはなかった。それだけわかりづらい特徴だったが、現役時代にディフェンダーを務めていた僕には、中学3年生の段階でしっかりとルックアップできる選手は少ないと、感覚的に何となくわかっていた。

ベースの部分にクレバーさがあるからか、遠藤はユースのころからゲームの展開を読む力に長けていた。なので、プロになってからも、ポジショニングの指示や注文を出したことがない。人間である以上はミスもするが、守備のポジショニングに関してはほとんど間違わない選手だった。

ユースの最上級生になった10年シーズンの遠藤は、反町康治監督に率いられていたトップチームに開幕直後から2種登録され、わずか6試合だったがＪ１の舞台でプレー。アルビレックス新潟との最終節ではゴールまで決めた。

正式にトップチームへ昇格した翌11年シーズンには、４バックで組むことが多かった最終ラインでセンターバックとして34試合にフル出場するなど、３０６０分にわたってＪ２で濃密な経験を積んだ。

僕が監督になった12年シーズンからは３バックを採用し、真ん中にすえてゲームキャプテンも任せた。クレバーさはプロの舞台でも武器となりえたが、選手としてのスケールをさらに大きくしようと考えたときに、いつまでも３バックの真ん中を務めさせてはいけないという結論に達した。

迎えた13年８月31日。ホームにベガルタ仙台を迎えたＪ１第24節から、遠藤を３バックの右にコンバートした。それまで右を務めていた島村を左に、左に入ることが多かった左利きの大野和成（18年よりベルマーレに完全移籍）を真ん中へ、それぞれ配置転換した。

シーズン途中におけるコンバートの意図を、遠藤にはこう説明している。

「これまでのようにボールをもらったり、味方につけたりすることじゃなくて、相手との1対1に勝って、攻撃面でもっと前へ出ていってみろ」

試合展開を読める遠藤はカバーリング能力にも長けていたが、世界のサッカー界を見渡せば、いわゆるリベロというポジションそのものが古い考え方であり、将来的にはなくなっていくのでは、と個人的には考えていた。

何よりも対人の守備で、もっと強くなってほしいと考えていた。3バックの右ならば、自分の前に必ず相手選手がいる。インターセプト能力もあるし、ポジショニングがいいから178センチという身長のわりにヘディングも強い。

J2を独走で制した14年シーズン、再びJ1に挑んだ15年シーズンを3バックの右でプレーした遠藤はひとつひとつのプレーの質が上がり、相手選手の間をドリブルで攻め上がっていくプレーや攻撃の最後の部分に絡むことを含めて、試合のなかでできることも増えていった。

レッズ相手に一時は逆転するダイビングヘッドを鮮やかに決めた13年9月28日のJ1第27節に代表されるように、セットプレー以外でのゴールも増えた。最終的に8位でJ1残留を決めた15年シーズンの初勝利にも、遠藤はゴールとアシストの両方で貢献している。

遠藤航　リーグ戦年度別成績

年度	リーグ	所属	出場	ゴール
2010	J1	湘南(2種登録)	6	1
2011	J2	湘南	34	1
2012	J2	湘南	32	7
2013	J1	湘南	17	3
2014	J2	湘南	38	7
2015	J1	湘南	31	4
2016	J1	浦和	27	0
2017	J1	浦和	30	3

鹿島アントラーズのホームに乗り込んだ、3月14日のファーストステージ第2節。開始早々に先制されながら、後半になって遠藤が同点に追いつくPKを決めて迎えたアディショナルタイムだった。

右サイドを駆けあがってきた遠藤が、絶妙のクロスをファーサイドにあげた。ターゲットは途中出場していたFWアリソン。完璧なタイミングから放たれたヘディングシュートがゴールにゆっくりと吸い込まれ、アントラーズから約20年ぶりとなる勝利をもぎ取った。

16年シーズンから移ったレッズでは、3バックを取るミハイロ・ペトロヴィッチ前監督（現北海道コンサドーレ札幌監督）のもと、再び真ん中を務めるようになった。そして、昨シーズンの途中から指揮を執る堀孝史監督のもとでは4バックに変わり、右サイドバックに配置された。

昨シーズン後半のレッズの試合を見ていると、1トップの興梠慎三選手をターゲットにいいクロスを上げている場面を幾度となく見た。

おそらくはベルマーレで、3バックの右でプレーした経験が生きているのではないかと、僕自身は思っている。ベルマーレの3バックでは、ボールをもてば右サイドバックと同じ仕事を求められる。レッズで自信を持ってクロスを上げている姿は、真ん中のままなら絶対にありえないプレーと言っていいからだ。

航を使わないということは考えていなかった

ヴァイッド・ハリルホジッチ監督に率いられる日本代表に初めて招集された、15年8月に中国・武漢で開催された東アジアカップ（現EAFF E-1サッカー選手権）でも、遠藤は朝鮮民主主義人民共和国（北朝鮮）代表との初戦、韓国代表との第2戦で右サイドバックとして先発フル出場している。

当時のベルマーレでのプレーを通して、ハリルホジッチ監督は右サイドバックへの適性があると見てくれたのだろう。北朝鮮戦の開始早々に決まったMF武藤雄樹選手（浦和レッズ）のゴールをアシストしたのは、右サイドからアーリークロスを送った遠藤だった。

日本代表の試合にベルマーレの選手が出場するのは、湘南ベルマーレとなった00年以降では初めて。前身のベルマーレ平塚時代を含めても、フィリップ・トルシエ監督の初陣となった98年10月28日のエジプト代表との国際親善試合で先発した、FW呂比須ワグナー選手（前アルビレックス新潟監督）までさかのぼらないといけない。

もちろん僕自身も嬉しかったし、自信を手土産に帰ってきてほしいと思ってもいた。遠藤は中国代表との最終戦に、キャプテンを務めていたU‐21日本代表で主戦場としていたボランチとして先発フル出場。8日間で3試合にフル出場し、8月10日に帰国。翌11日からベルマーレの練習に合流した。

そして、翌12日に敵地で行われた清水エスパルス戦で、僕は遠藤の名前を先発メンバー表に書き込んだ。結果的に遠藤はフル出場した。試合後の監督会見で、中国戦から中2日で先発させた理由を問われた僕はこう答えた。

「（遠藤）航を使わないということは、まったく考えていませんでした」

東アジアカップには国内組が中心のメンバー編成で臨んでいた。なかには12日のJ1セカンドステージ第6節で、休養のためにベンチにも入らなかった他チームの選手たちもいる。疲労が蓄積していれば、故障するリスクもあるのでは――続けて問われた僕は、こんな言葉を残している。

「帰ってきたときの顔、というのかな。ここが伸びるときだ、と思いました。湘南という池のなかで泳いでいたところを、たとえば太平洋にパッと放たれても同じ水温で、同じ魚がいて、同じことをしなければいけないと肌で感じたはずで、それをピッチに落としてほしかったんです」

エスパルス戦は2対1で勝利した。速さと上手さ、強さを兼ね備える相手の2トップ、鄭大世選手とピーター・ウタカ選手に対して、遠藤は集中力を切らすことなく、90分間を通じてほとんど前を向かせなかった。

僕が選手たちを見る感覚は、親と子どもの関係と似ている部分があるとずっと思ってきた。遠藤の場合は、練習に合流したときの表情で精神的に充実していることが伝わってきたし、練習中の立ち居振る舞いからけがにつながる疲労や違和感も抱えていないと察することもできた。

些細な変化や違いを見抜く感性は、選手たちを育てていくうえでこれまでも、そしてこれからも極めて大事な部分になると思っている。

またお前の楽しそうなプレーを見せてくれよ

ベルマーレは期限付き移籍を活用してきた。お金の話をするのは心苦しいが、決して豊富な資金力があるクラブではないがゆえに、高額な移籍金が発生する完全移籍とは異なる方法で戦力を補強してきた。

僕がベルマーレの監督になってからも、12年シーズンは前年に愛媛ＦＣに期限付き移籍していたＤＦ大野和成をアルビレックス新潟から獲得。大野は自らの意思で期限付き移籍の期間を延長し、Ｊ１を戦った13年シーズンも最終ラインを支えてくれた。

同じ13年シーズンにはFW武富孝介とMF中川寛斗を柏レイソル、シーズン途中にはMF大竹洋平をFC東京、14年シーズンにもDF丸山祐市を同じくFC東京、MF藤田征也をアルビレックス、FW岡田翔平をサガン鳥栖からそれぞれ期限付き移籍で獲得してきた。

期限付きと言うからには、いつかはベルマーレを離れていく。1年間で移籍元のクラブに戻るのか、大野や武富、中川、岡田のように延長するのか。大竹や藤田のように完全移籍に切り替える選手もいるなかで、僕自身は「この選手は戻る可能性があるから」などと考えたことは一度もない。

ましてや期間を延長した、あるいは完全移籍したから僕のやる気が出た、もっと教えようという気持ちにもならない。邪心のようなものを入れたら、どこかで成長させることをあきらめてしまうからだ。

残るか否かは最終的には選手自身が決めることであり、1年間に練習がたとえば300日あるとすれば、そのシーズンに所属した選手たちに対して日々何を与えられるか、何を言うかが僕にできるすべてのことだと思ってきた。

毎年のように出会いと別れが繰り返されてきたなかで、再びJ1の舞台に戻った15年シーズンには、日本代表でプレーした経験をもつMF山田直輝を浦和レッズから期限付き移籍で獲得した。強化部へ獲得を進言したのは、実は僕だった。

14年シーズンの途中にさいたま市の大原サッカー場でレッズと練習試合を行ったときに、リハビリトレーニングに取り組んでいた山田を偶然見かけた。

「まだけがが治らないのか」

こう話しかけた僕は、山田のことをレッズのジュニアユース時代から知っていた。ベルマーレのジュニアユースおよびユースの監督として対峙したこともあれば、トレセンで実際に指導したこともある。どのような性格なのかも、ある程度はわかっていた。

「大変だな。またお前の楽しそうなプレーを見せてくれよ」

ちょっとだけ話した後に、激励の言葉をかけてその場は別れた。当時の心境を振り返れば、少なからずショックを受けていた。僕が知っている山田とは、表情がまったく違っていたからだ。過激かもしれないが、死んでいるかのようにかつての輝きが失われていた。

断りを入れられるかもしれない、と頭の片隅で思いながらも強化部からオファーを出してもらった。しばらくして、山田と直接交渉できる場が設けられた。都内のホテルで、14年シーズンは2試合、わずか15分間の出場にとどまっていた山田は「自分を変えたいんです」と思いの丈を伝えてきた。

期限付き移籍が正式に決まったのはその年の12月上旬だった。19歳になる直前に日本代表でデビューを果たし、近い将来はレッズと日本代表の中心になる、ヨーロッパで活躍すると期待された時期もあっただけに、期限付きとはいえレッズを離れることはメディアでも大きく報じられた。

年が明けて、新チームとして最初の練習を行った1月中旬に、僕は別の意味で再びショックを受けた。失敗を恐れていたからか、馬入ふれあい公園サッカー場のピッチで、山田はボールをもらおうとしなかった。何よりもサッカーが大好きなはずなのに、まったく楽しそうじゃなかった。

予想を上回る重症だと思わずにはいられなかった。1年目は17試合、出場時間は599分と前年よりは増えたものの、自分が思うプレー、やりたいプレーをピッチのうえでほとんど表現できなかったはずだ。

時間はかかっても絶対にあきらめなかった

期限付き移籍を1年間延長した16年シーズンも、小さなけがが繰り返された。ようやく試合に絡める状態になったのは、セカンドステージも残り数試合になったころだった。11月3日に行われた名古屋グランパスとのセカンドステージ最終節ではシーズン初ゴールを、それも2つも決めた。

1点目はミドルレンジから迷うことなく左足を振り抜き、2点目はDF田中マルクス闘莉王選手（現京都サンガFC）を吹き飛ばしてボールを奪い、角度のないところから右足で逆サイドのネットに突き刺した。いずれもアイデアとセンス、力強さが融合されたファインゴールだった。

シーズンの終盤になって調子が上向いてきた流れと、ベルマーレがJ2へ降格したこととが相まって、山田は2度目の延長を決めた。

プロになって9年目の山田にとって、J2の舞台でプレーするのは初めてだった。開幕から先発としてピッチへ送り込んだが、前半戦は後半の途中で、それも早い時間帯でベンチへ下げることが多かった。試合の流れのなかで、いわゆる消えてしまう時間帯が少なくなかったからだ。

15年シーズンから山田と向き合ってきた日々を振り返れば、正直、予想していたよりもかなり長い時間がかかったと思う。治療法と言うと大げさかもしれないけれども、サッカーを楽しむマインドを取り戻させるために施したアプローチは数え切れなかったと言っていい。

僕から言葉を投げかけることもあれば、あえて無視することもあった。いろいろな映像を見せたこともあれば、たとえ試合で使っても本来の攻撃的MFやシャドーとは違うポジションを命じたこともあった。

当時の山田が思い描いていた理想のサッカーを海外のクラブにたとえれば、FCバルセロナかアーセナルとなるだろうか。ボールをはたきたいからここにパスを出せ、という山田の価値観に対して、何度「それは違う」と言ったことか。

ゴールを奪うことよりも自分が望むプレーが優先され、結果としてゴールが取れればいいという思考回路を、さまざまな方面からアプローチしてあらためさせた。現在のボルシア・ドルトムントやリバプールのように、ゴールへ向かう姿勢が何よりも大事なんだと。ゴールへ向かう選手がチームにとって大事なんだと。

治療に時間はかかっても、それでも僕は絶対にあきらめなかった。山田に限らず、そのシーズンに預かったすべての選手に対して「ダメだ、こいつは」と思ったことは一度もない。ジャンルに関わらず、スポーツの指導者には「信じて、やらせて、待つ」の精神が何よりも必要だからだ。

とにかく相手を信じて、まずはやらせてみて、結果がどうであれ待ってあげること。根気がなければ、指導者など務まるはずがない。チームのなかには「直輝ってミスをしても、監督から重用されるよね」と思う選手がいても、しかたがないことだと僕は考えていた。

あるいは「直輝と同じくらいチャンスをもらえれば、オレもやれたのに」と思う選手もいたかもしれない。僕自身、誰に対しても誠意と公平さを貫いた自信は正直ない。僕の選択だし、最終的には監督である僕が責任を持つわけだから、誰に何を言われる筋合いもないとある意味で開き直ってもいた。

一方ではこう考えてもいた。山田が変わっていくことは、他の選手たちにとって最終的にはプラスになると。実際にそう言ったかどうかは別にして、同じくレッズから期限付き移籍中で、山田をよく知るDF岡本拓也が「昔に比べると、直輝君はすごく変わった」と言えば、周囲にはるかに影響を及ぼすからだ。

見た目にはっきりと山田が変わってきたのは、昨シーズンの夏場を前にしたころだった。ピッチのうえでまったく足を止めない。消えてしまう時間帯がほとんどなくなり、いたるところに絶えず顔を出し、1試合の総走行距離も多いときで13キロ近くに達するようになった。

治療の効果がようやく出てきたと、思わずにはいられなかった。ゴールをいくつ取ったとか、アシストをいくつ決めたという問題ではない。とにかく走るようになったし、守備で生じるスペースを誰よりも先に埋めようと、ディフェンスでも率先して頑張るようになった。

しかも、自分が評価されるためではなく、チームのために走っている、という献身的な思いがベンチにもひしひしと伝わってきた。そのほうがはるかに楽しいことに、ようやく気がついたと言っていい。待望の第一子となる長女が16年の夏

山田直輝　リーグ戦年度別成績

年度	リーグ	所属	出場	ゴール
2008	J1	浦和（2種登録）	1	0
2009	J1	浦和	20	1
2010	J1	浦和	3	0
2011	J1	浦和	18	1
2012	J1	浦和	2	0
2013	J1	浦和	4	0
2014	J1	浦和	2	0
2015	J1	湘南（期限付き）	17	1
2016	J1	湘南（期限付き）	11	2
2017	J2	湘南（期限付き）	39	5

に生まれ、守るべき家族が増えたこともプラスにはたらいたはずだ。

楽しそうにプレーするということは、何も自由奔放さがベースとなるわけではない。ベルマーレでもレッズでも、あるいは他のチームでも求められる確固たるものがあるなかで、楽しさを表現していかなければいけない。

ならば求められるものとは何か。答えはメディアを通じてよく見聞きするようになった、山田のこんな言葉のなかに見え隠れしている。

「これだけ多くの試合に出させてもらっていると、チームが勝利することへの責任とは、こんなにも重たかったのかと感じています」

あえて厳しい見方をすれば、責任を感じるのが遅いと言わざるを得ない。昨年7月で27歳になった。J1の舞台で中心になって輝かなければいけない年齢であり、精神的な部分における準備が足りなかった、プロとして生きていくうえで人生設計が甘かったことが理由となる。

だからといって、27歳になる年でもう遅いとあきらめるのか。あるいは、いまからでも変われると一念発起するのか。考え方次第でまったく変わってくるし、実際、山田は後者を選んで再びスタートラインに立った。

昨シーズンの山田は最終的に39試合に出場し、プレー時間は3030分に達した。夏場以降はフル出場する試合も多くなった。

それまでの自己最多がプロ契約を結んだ09年シーズンの20試合、1365分だったから、スタートラインからさらに前へ飛び出したと言ってもいい。ただ、忘れてはいけないのは、昨シーズンの舞台がJ2だったことだ。

シーズン最後の練習を終えた12月3日の午後。例年行う解団式で、山田のレッズ復帰がチーム内で発表された。挨拶した山田は感極まって泣いていた。4日後にクラブを通じて発表されたリリースには、山田の偽らざる思いが綴られていた。

「この3年間は僕にとってかけがえのない時間でした。そんな時間を過ごした仲間、サポーターとの別れは、僕が決断したことではありますが本当に辛いです。それでも、湘南で成長した新しい自分でもう一度浦和でチャレンジしたい、湘南スタイルで輝きたい。わがままなのは分かっています。でも行きたいんです、行ってきます」

十代から将来を嘱望されながら大けがを繰り返した不運があり、山田自身の努力や準備不足もあっていつしか試合に出られなくなった。おそらくベルマーレに来たときには1年で再生して、と思っていたはずだけれども、幸か不幸か3年間も在籍することになった。

レッズから戻って来いと乞われ、山田自身も再チャレンジしたいと望んだことは、復帰が決まった後では美談のように聞こえるけれども、実際にはどちらにいくかわからなかったし、未来のことは当然、誰にもわからない。

それでも、解団式で「いまこのタイミングで戻らなければ後悔する」と口にした山田の言葉に嘘はないし、山田の表情を少しは昔の、僕がよく知っていたころのそれに戻せたかなと思えることはやはり嬉しい。

ただ、解団式では僕も涙腺を緩ませたものの、山田のレッズ復帰に対してはいっさい言及しなかった。ベルマーレの監督という立場で見れば戦力を失ったことになるし、僕が何かを言えば、復帰か完全移籍での残留かで逡巡していた山田の背中を最後に押したと映るかもしれないからだ。

敵味方として顔を合わせる新シーズンの開幕を前にして、言えることがあるとすれば山田の決断を応援したい、3年という時間を一緒に戦った仲間たちも誰一人として山田の選択に不平不満を唱えていない、ということだ。そして、勝負はこれからだともエールも送りたい。

勝利への責任をすべて背負ってプレーしたときに、変わったと言われるのか。やっぱりレッズに戻るとダメなのかと言われるのか。成長したとレッズに関わるすべての人たちから認められるように、自信を抱きながら、身心両面でたくましくプレーしてほしいと思っている。

お前が思ってるほど下手じゃないよ

８位に入ってクラブ史上初のＪ１残留を決めた15年シーズンのオフに入って、しばらくたったときのこと。僕は期限付き移籍の延長を決めた山田に、おもむろに電話をかけた。

「岡本ってどうだ？」

遠藤がレッズへ移籍することがほぼ確実な状況となり、強化部とも話し合いを重ねながら３バックの右を務められる選手を探していた。

白羽の矢を立てられたのがジュニアユースからレッズひと筋で育ち、Ｖ・ファーレン長崎に期限付き移籍していた14年シーズンには、ベルマーレと敵味方で対峙しているＤＦ岡本拓也だった。

山田にとっては２つ年下の可愛い後輩であり、特徴も熟知している。受話器の向こう側から返ってくる声は、確信に満ちたものだった。

「湘南に合う選手だと思います」

すぐに期限付き移籍のオファーを出し、加入することが決まった。岡本には走力があったし、1対1の勝負に強いし、クロスもあげられるし、意外にもシュートを打てるエリアにまで入っていく力もあった。

もうちょっと迫力を出してほしいとは思っていたし、決して器用な選手ではなかったものの、よく言えば日本代表DF長友佑都選手（ガラタサライ）の右サイドバック版だと僕の目には映っていた。

もっとも、レッズやV・ファーレンでは、自分のことを下手な選手と思っていたからか。開幕へ向けた練習やキャンプで、たとえばスローイングを受けた相手を簡単に背後から押して、ファウルを取られる場面が目立った。

「お前さ、何でファウルばかりするの？」

あまりに不必要なファウルが多かったこともあって、業を煮やして質問した僕に対して、岡本は「つい行っちゃうんです」と恐縮しながら言葉を返してきた。

僕は諭すようにすかさず続けた。

「つい行っちゃって、なんて理由は許されない。お前は自分のことをボール扱いが下手な選手と思っているかもしれないけど、オレからすれば余計なファウルをするやつのほうが下手だぞ」

実際、岡本はボールを扱う技術に対してまったく自信をもっていなかった。相手を潰すだけの選手と思い込むあまりに、必要以上に激しく当たり、ファウルを取られる悪循環に陥っていた岡本に、違うよと僕は伝えた。加入して1年目、16年シーズンの5月か6月のミーティングだったと記憶している。

「お前が思っているほど下手じゃないよ。だから、いろいろやってみろよ」

ときには厳しい言葉を投げかけた山田に対するものとは、まさに180度異なるアプローチだった。なぜファウルするのか、と怒鳴ることは簡単だ。ファウルを繰り返す理由はどこにあるのか、というところまでしっかりと見て、矯正するための処方箋につながるヒントを当たれば心のなかにスッと入る。

岡本の場合は、自分がボールをもったときのプレーのクオリティーを上げる、ということに向き合ってこなかった。向き合うきっかけがなかった、と言ったほうがいいかもしれない。ただ、しっかりと向き合えば子どもでも、たとえば50歳の大人でも人間は必ず上手くなる。

岡本自身の強い希望もあり、期限付き移籍を1年延長して臨んだ昨シーズン。オフに古傷でもある左肩脱臼の手術を受け、全治約4ヶ月と診断されたこともあり、16年シーズンに岡本が主戦場とした3バックの右は、サイドハーフからコンバートした山根を抜擢するめどが開幕前の段階で立った。

その一方で藤田征也や奈良輪雄太（18年シーズンは東京ヴェルディに期限付き移籍）ら、右アウトサイドでプレーできる選手たちがけがで離脱した時期に、彼らの穴を補ってあまりあるパフォーマンスを見せてくれたのが岡本だった。

状況によってやっていいプレーと悪いプレーが整理されたことで、もともと搭載されていた1対1における強さがより生きるようになった。加えて昨年からビルドアップにも積極的に加わることに取り組んできたことで、前線に攻め上がったときのパフォーマンスから苦手意識を消し去った。

16年シーズンまではリーグ戦で1ゴールだった、たとえるなら潰し屋タイプだった岡本が、昨シーズンは前半戦だけで3ゴールをあげている。アウトサイドでスムーズにプレーできるようになれば、この先、一列後ろに下がったときもビルドアップに対するストレスがなくなるだろう。岡本は期限付き移籍の期間を再び延長して、今シーズンもベルマーレの一員として戦う。

そのシーズンが終わったときに、所属するすべての選手が成長したという実感を抱いていてほしい——監督1年目から常に思い描いてきた、指導者としては当たり前と言ってもいい思いだ。

実践できるように日々努力を重ねているし、岡本がプレーの幅を広げたことは指導者として嬉しい限りだが、冷静に振り返るとそうしてあげられなかった選手たちのほうが多いのかなと思わずにはいられない。

いかに障害をなくしてあげられるか

期限付き移籍の期間を1年間延長し、今シーズンもベルマーレでプレーするMF秋野央樹も、山田と同じく「変わりたい」と僕に訴えてきた。

小学生年代のU‐12から柏レイソルひと筋で育ち、トップチームに昇格して4年目の16年シーズンには23を数えた出場試合数、1754分の出場時間数でともに自己最多をマーク。キャプテンのMF大谷秀和選手が不在のときは、左腕にキャプテンマークを巻いてプレーしたこともあった。

それでも、自身のプレーの幅をさらに広げたい、そのためには違うチームに一度身を置く必要があると自ら判断し、16年シーズンのオフに期限付き移籍をレイソルの強化部へ志願。プレーメイクができるボランチを探していたベルマーレも秋野をリストアップし、オファーを出したタイミングだった。

都内のホテルで交渉の席を設けたときに、僕は秋野がプレーする映像を編集したＤＶＤを見せながら、ベルマーレに与えてほしい秋野の武器、ベルマーレでさらに伸ばせる長所や改善できる短所を説明した。その席で「変わりたい」と訴えた秋野は、初めてとなるＪ２でのプレーを選択した。

ホームに東京ヴェルディを迎えた、7月16日の明治安田生命Ｊ２リーグ第23節。後半33分に飛び出したベルマーレ移籍後の初ゴールには、秋野が求めていた新たな部分が凝縮されていたと言っていい。

ボランチの位置から果敢に前へ飛び出し、バイタルエリアあたりで迷うことなく利き足の左足を一閃。強烈な弾道でゴール右上に突き刺した。

これがダメ押し点となり、2対0で勝利した試合後の監督会見。冒頭の試合総括で、僕は「ちょっと秋野のことを話したいと思う」と自ら切り出した。

「後半のあの時間帯であそこまで前へ出て行って、ミドルシュートを決めるのは彼のサッカー人生で初めてだったかもしれない。でも、レイソルにいたときより成長したというよりは、もともと秋野本人がもっていたものだと思っている。指導者がいかに障害をなくして、選手がもっているものを発揮させてあげるのがどれだけ大事なことか。ゴールが決まった瞬間にすごく強く思いました」

おそらくベルマーレの一員にならなくても、たとえばレイソルにとどまってプレーしていたとしても、心の底からサッカーが好きな秋野はいつか自らの力で目の前にある壁を乗り越えていたと思う。

ただ、小学生年代からレイソルのなかで長く関係性を育んできた秋野が、ベルマーレという未知のチームでゼロから周囲との関係性を作り始めたことが、結果としてプラスにはたらいたと思っている。

わかりやすく言えば、秋野のプレースタイルを熟知しているアカデミー育ちの仲間たちが大勢いるチームから、フラットでちょっと毛色の違う選手がいるなかへ飛び込み、関係性が変わったことで新たな自分を出しやすくなった。

サッカーにおいては関係性という考え方が非常に大事で、たとえば山田は周りとの関係性が芽生えることでより生かされる選手だと言っていい。監督やチームメイトから信頼されていないとちょっとでも思えば、なかなか力を発揮できないタイプでもあるからこそ、ベルマーレに移ってから時間がかかった。

自分はどのチームでもプレーできると思っている選手ほど、移籍先で精彩を欠くケースが多い。逆も然りで、このチームでしか生かされないと思っている選手ほど、実は他のチームでもできることが多い。

フィットするまでに要した時間の多寡はあるものの、アカデミー時代から慣れ親しんだチームを自分の意思で飛び出した山田と秋野は、後者のタイプの選手となるだろう。その秋野に対しても、昨シーズンの序盤戦は5試合連続で先発から外したことがある。

おそらくは一番つらかったはずの時期の秋野へ、自分のよさを出すためには不得手とする部分にすすんで向き合わなければダメだと僕は何度も話した。足が遅いからボールを取りにいかない、球際が弱いからボールを受けにいかないのではなく、それまでの自分に対する評価がすべてではないと思え、と。

昨シーズンの後半には、ブンデスリーガのシャルケ04でプレーする、ドイツ代表MFマックス・マイヤーのプレー映像を秋野に見せた。典型的なトップ下の選手と見られていたマイヤーは、ドメニコ・テデスコ新監督のもと、始まったばかりの新シーズンでボランチにコンバートされていた。

10月14日のヘルタ・ベルリン戦ではアンカーを任され、ドイツサッカー界をさらに驚かせた。守備は多少弱いかもしれないけど、ボールに絡めるし、パスを配給できるし、後ろから飛び出していってシュートも打てる。

直接話したわけではないので、テデスコ監督の真意はわからない。それでも22歳のマイヤーが新たな境地を開くことが長い目で見れば彼の将来のためになり、いま現在のシャルケ04の戦い方も幅広くすると考えているはずだ。

もともとヨーロッパのサッカーが好きな僕は、クラブでも自宅でも、それこそ時間が許す限り試合の映像を見ている。そのなかで秋野よりもひとつ年下のマイヤーの新たな挑戦を見つけて、いま現在の秋野にあてはまるとピンときた。

選手たちがもっている可能性を広げて、成長を促していくはたらきかけは、それこそ無限に方法があると僕は思っている。これからも自分のアンテナを目いっぱい広げて、サッカーというジャンルを飛び越えた、あらゆるフィールドに対する感性を研ぎ澄ませていきたい。

指導者をやめるときまで自問自答は続く

ベルマーレの監督になって、今シーズンで7年目を迎える。川崎フロンターレのコーチに就任し、指導者の道を歩み始めてからは実に19年目となるが、何をすれば選手を育てられるか、というテーマに対する答えは出ていない。だからこそ10人の選手がいれば、それこそ10通りのアプローチが存在する。

おそらく一生このまま、指導者をやめるときまで自問自答が続くとわかっているからこそ、この仕事を続けられるとも思っている。そのなかで、ただひとつ言えるのは、僕自身が指導者として毎年成長していかなければ、その年に預かった選手たちも成長しないということだ。

成長するためには、自分自身に対して常にはたらきかけていく作業が必要不可欠となる。そうした気持ちは、年を重ねるごとに強くなっている。昨シーズンを振り返れば、J1の舞台へ再び戻ることができたから、J2で優勝できたからといって、ホッとしている瞬間はゼロだった。

シーズン中には週に2回ほど、ユースの練習も見るようにしている。昨シーズンは小学生の強化特待クラスでも数回教えたし、アカデミーの指導者たちを集めた勉強会も何度か開催してきた。

その場で伝えているのは、子どもたちが小学生のころからベルマーレのトップチームでプレーしたいと夢見て努力を続けるのか、ただ何となくベルマーレで試合をするかでまったく違ってくるという点だ。

ベルマーレというクラブに対するアイデンティティーや愛情、誇りをもつことで、子どもたちはさらに伸びていく。心理的な側面からアプローチしていくことも、選手たちを成長させていくうえで極めて重要になる。

今シーズンはユースからGK真田幸太とFW和田響稀（J3福島ユナイテッドFCへ期限付き移籍）が昇格した。昇格を勝ち取ったことは素晴らしいけれども、彼らにとってはゴールでも何でもない。

大事なのはここから先になるが、ベルマーレが何を大事にしているかをわかっている点で、アカデミー育ちの2人には一日の長がある。それを表現する責任があると思いながら、成長していってほしいという気持ちは強い。

高卒ではMF新井光が市立長野から、大卒ではDF坂圭祐が順天堂、JFA・Jリーグ特別指定選手として3試合に出場したMF松田天馬が鹿屋体育、FW山口和樹が国士館、FW鈴木国友が桐蔭横浜からそれぞれ加入した。

他のクラブからはMF梅崎司が浦和レッズから、GK富居大樹がモンテディオ山形から、そして12年シーズンから2年間、期限付き移籍でベルマーレに在籍していたDF大野和成がアルビレックス新潟から完全移籍で、MF小林祐介が柏レイソルから期限付き移籍でそれぞれ加入した。

外国籍選手では日本で9年間プレーしてきたMFミキッチがサンフレッチェ広島から、セルビア代表歴をもつFWアレン・ステバノヴィッチが同国1部のパルチザン・ベオグラードから完全移籍で、韓国代表FWイ・ジョンヒョプが同国2部の釜山アイパークから期限付き移籍で、それぞれ新たな仲間として加わった。

ベルマーレで新しいことに挑戦する気持ちを持続できるパーソナリティーの選手を強化部は獲得しているはずだし、僕自身も11人だけではなく、全員でやるサッカーを監督として標榜している。その意味でも新しく加入した選手たちが既存の選手たちに刺激を与えて、J1の舞台で活躍してほしい。

特に大卒のルーキーたちは、ヨーロッパのクラブならば主力になっていく年齢でもある。だからこそ「半年間はまず勉強しろ」と言うつもりはない。主力を務められる可能性があるがゆえにベルマーレの一員になったことを、誰よりも彼ら自身がわかっているはずだ。

第3章

蹴球論

湘南スタイルは深化し続ける

Jリーグ開幕の片隅で

大学を卒業してから97年シーズン限りで現役を退くまで、僕は7年間で3つのチームに所属し、代行を含めて6人の監督のもとでプレーした。

早稲田大学商学部を卒業した91年春、日立製作所に社員として入社した僕は、柏レイソルの前身である日立製作所本社サッカー部に入部した。直前の2月にはJリーグに参戦する最初の10クラブ、いわゆる「オリジナル10」が発表されていたが、そのなかに日立製作所本社サッカー部は含まれていなかった。

日本サッカー界がプロの時代を迎えることはわかっていたが、卒業後にサッカーで生計を立てる自分を想像することができなかった。両親からも長い人生を考えて、しっかりとした企業に就職してほしいと言われていた。

もっとも、3年生から最終ラインのレギュラーを務め、4年生になるとア式蹴球部のキャプテンを任されたことで、可能な限りサッカーを続けたいという思いも膨らんできた。そして、仕事とサッカーを両立できる理想的な環境が、日立製作所には整っていた。

入部したときの監督は早稲田大学の大先輩で、日本リーグで得点王を2度獲得し、日本代表としても活躍した碓井博行さんだった。3年目の93年シーズンからはメキシコオリンピックの銅メダリストの一人で、日立製作所本社サッカー部OBの山口芳忠さんが就任した。

守備の達人として一時代を築いた山口監督の指導は、いまでも鮮明に覚えている。ディフェンスにおけるイロハを徹底して叩き込まれた、と言えばいいだろうか。クロスを入れられたときのマークのつき方や、状況に応じた判断の仕方などを、まさに微に入り細を穿つ指導を介して教わった。

山口さんとはいまも、年に一度の挨拶の連絡を欠かしていない。当時はプロサッカー選手として生きていくうえでの心構えなども熱く説いてくれたが、天皇杯を残した時期に退任し、ヘッドコーチだったゼ・セルジオが監督代行に就いた。

3年目の4月には、東海大浦安高校から吉田達磨（現ヴァンフォーレ甲府監督）が入社してきた。僕と同じ宣伝部の配属となり、柏市内にある社員寮でも隣部屋となった。僕が306号室で、いまも親しみを込めて「タツ」と呼んでいる5つ年下の後輩が307号室だった。

タツとはそれこそ四六時中、一緒にいた。柏駅から超満員のJR常磐線に揺られ、北千住駅で地下鉄千代田線に乗り換え、新御茶ノ水駅で降りてすぐの日立製作所本社へ定時に出社。午前中だけで勤務を終え、柏へ戻って練習に臨むときも基本的に行動をともにした。

練習を終えても僕が運転する車で食事に出かけ、帰りにファミリーレストランに立ち寄っては、プロサッカー選手とはどうあるべきか、日本サッカー界の現状や歩んでいくべき未来はどうあるべきか、といった壮大なテーマを掲げながらコーヒーを何杯もおかわりした。

同じテーブルには大熊裕司（現セレッソ大阪U-23監督）や大倉智（前湘南ベルマーレ代表取締役社長、現いわきFC代表取締役）、そして横山雄次（湘南ベルマーレ元ヘッドコーチ、現栃木SC監督）がいつもいた。

大熊は僕と同期で、大倉と横山はひとつ下。4人全員が大卒だったからか、少し年の離れたタツはほとんどしゃべることなく、僕たちの議論を静かに聞いていただけの記憶がある。それでも時間がたつのを忘れて熱く語り合った日々は、青春時代のかけがえのない財産だった。

いまでは全員がレイソルを離れて、それぞれの居場所で必死に戦っている。偶然に導かれた出会いをこれからも大切にしていきたいし、特に15年シーズンにレイソルの、16年シーズンにはアルビレックス新潟の監督を務めたタツとは、対戦相手として采配をふるい合った。

残念ながらヴァンフォーレは、今シーズンをＪ２の舞台で戦っている。それでも、Ｊ１残留を争っていた真っただ中でタツの続投が発表されたことは、Ｊクラブの監督を務める者として心から喜ばしいと思った。

Ｊ１残留を果たせばもちろんのこと、たとえＪ２に降格しても続けて指揮を執ってほしいと言われるのは、クラブから厚い信頼を寄せられていることを意味する。それまでの仕事ぶりが高く評価された証でもあるだけに、タツとはいつかまた同じ舞台で顔を合わせたいと思っている。

プロサッカー選手としての挑戦

94年シーズンからは、タツや大倉たちとは別の道を歩んだ。

前年の5月に華々しく幕を開け、メディアでも大々的に取り上げられていたJリーグでは、自分と年齢が近い選手たちがプロとして躍動していた。彼らを外から見ているうちに、選手を終える数年後の安定を待ちながら、サッカーを続けていいのだろうかと思うようになった。

吉貴裁という選手が全身全霊でプレーした証を、歴史の片隅にでもいいから刻まなくていいのかと自問自答するようにもなった。そして、プロになる以上は、それまでとは違う環境でチャレンジしたいと思うようになった。

当時の僕は代理人とも契約していなかった。早稲田大学ア式蹴球部のつてを頼って、浦和レッズのトップチームでコーチを務めていた原博実さん（現Jリーグ副理事長）に相談した。

「プロになりたいのなら、ウチに来ないか」

こんな言葉をかけてもらったと記憶している。プロとして新たなスタートを切ったレッズの監督には、前身の三菱重工業サッカー部のゴールキーパーおよび監督を務めた、元日本代表監督の横山謙三さん（現埼玉県サッカー協会会長）が就任した。

山口さんに続いて、偶然にもメキシコオリンピックの銅メダリストの指導を受けることになった。横山さんも非常に厳しかったが、翌95年シーズンに就任したドイツ人のホルガー・オジェック監督は輪をかけて厳しかった。

たとえば、開幕前に鹿児島県指宿市で行われたキャンプ。早朝に山道を走り込み、午前中には筋力トレーニングが、午後にはボールを使ったゲーム形式の練習が課された。連日の3部練習で、体の至るところが悲鳴をあげていたのをいまでも思い出す。ただ、オジェック監督の戦い方は鮮やかにはまった。

最終ラインは西ドイツ代表として90年のワールドカップ・イタリア大会を制した経験をもつ、ギド・ブッフバルト選手を真ん中に置いた3バック。トップ下ではブッフバルトと同じ94年シーズンの途中に加入していた、元西ドイツ代表のウーベ・バイン選手がいよいよ実力を発揮していた。2トップはミスター・レッズの福田正博さんと、そのプレースタイルから「野人」と呼ばれた岡野雅行選手（現ガイナーレ鳥取代表取締役GM）が組んだ。

要は最終ラインやボランチの選手たちが体を張って相手の攻撃を遮断し、バイン選手を含めた前線の3人で点を取る。日本代表の活動に伴う中断期間中の練習でさらにコンビネーションが研ぎ澄まされ、サントリーシリーズが再開されると第19節からは破竹の6連勝をマーク。一気に優勝争いに加わった。

迎えた7月19日のサントリーシリーズ第25節。勝てばさらに優勝へ近づけるヴェルディ川崎との大一番で、レッズは一敗地にまみれた。1対1のまま突入した延長戦の前半12分に、FWアルシンド選手にVゴールを決められた。警戒すべき点取り屋のマークを外してしまい、優勝への可能性を消滅させてしまったのは、3バックの右を務めていた僕だった。

続く横浜フリューゲルスとの最終節で、僕は先発メンバーから外れた。延長戦を含めた120分間の戦いでも、出番は訪れなかった。試合は2対2のままPK

戦に突入し、5人全員が決めたレッズが勝利した。

この結果、サントリーシリーズの3位が確定した。93年シーズンから二桁順位が続き、いつしか「Jリーグのお荷物」と揶揄されていたレッズは最高位を大きく更新。チームメイトたちがピッチで喜びを爆発させているなかで、僕は歓喜の輪に加わることなく、ベンチで悔しそうな表情を浮かべていた。

「みんなでつかみ取った勝利なんだから、そんな顔してんじゃねえ。周りにいる全員が冷めちゃうじゃないか」

諭すような声の主は、キャプテンも務めていた福田さんだった。その瞬間、チームの和を乱しかけていた自分が無性に恥ずかしくなった。ブッフバルト選手もバイン選手も素晴らしい選手だったが、レッズで得た最大の財産は、福田さんという超一流の選手と出会えたことだといまでも思っている。

レッズに注ぐ誰よりも熱い思いと、強くしなければいけないという責任感が、ピッチだけでなく日々の練習からもひしひしと伝わってきた。何よりもフリューゲルス戦後にかけられた厳しくも愛が込められた言葉は、いまも僕の心のなかで金言として輝きを放っている。

レッズを離れる直前の96年1月に挙げた妻との結婚式では、実は福田さん夫妻に立会人をお願いしている。いま現在は解説者として活躍されている福田さんには、以来、機会があるたびに叱咤激励されてきた。

「お前がこれ以上成長したら追いつけなくなるから、ほどほどにしておけ」

3度目のJ1昇格を決めたこのオフにかけられた、ジョーク混じりの言葉は最大級の賛辞だと受け止めている。

英国人指揮官との出会い

サントリーシリーズで20試合を数えた僕の出場機会は、NICOSシリーズでは6試合に激減してしまった。そして、シーズンも終わりに差しかかった11月のある日、監督退任後はGMを務めていた横山さんから呼び出された。

「Jリーグへの昇格を目指すヴィッセル神戸というチームが、お前に興味をもっている。一度話を聞いてみるのもいいんじゃないか」

95年シーズンの旧JFLで6位に終わり、Jリーグへの昇格を逃していたヴィッセルを率いていたのは、イギリス人のスチュワート・バクスター監督。サンフレッチェ広島を率いて、94年シーズンのサントリーシリーズを制したときから、バクスター監督が採用するゾーンディフェンスに、最終ラインを仕事場とする一人として強い興味を抱いていた。

レイソル時代から基本的に3バックでの戦いが多かったこともあり、4バックを経験したいと考えるようになっていた。バクスター監督の基本システムは4バックであり、もしも願いがかなうのならば、一度は同監督のもとでプレーしたいと望むようにもなっていた。

ひそかに憧れていた監督に率いられるチームから声がかかった。いてもたってもいられなくなった僕は、すぐにヴィッセルが天皇杯関西大会決勝を戦っていた姫路へ向かった。立命館大学を5対0で下した試合後に挨拶すると、何とバクスター監督の自宅に招かれ、サッカー談義に花を咲かせた。

再びJリーグよりひとつ下のカテゴリーでプレーすることに、迷いはいっさい感じなかった。それよりもバクスター監督のもとでプレーすれば、選手個々ではなく組織力を前面に押し出して戦う点で、僕の意識が変わると確信に近い思いが込みあげてきた。

新天地ヴィッセルでの日々は、予想以上に刺激に満ちていた。バクスター監督に求められた、自分たちが主導権を握る能動的な守備を実践するための練習がとにかく面白くて仕方がなかった。

要は自分たちのほうから、ラインコントロールや絶妙なポジショニングなどを駆使して、相手を意図的に網のなかへはめ込んでいく。相手と味方のプレッシャーの強弱を計算したうえで、相手が走ってから動くのではなく自分たちが先に動き、スペースを消しながら相手をコントロールする。

96年シーズンこそ旧ＪＦＬで16試合に出場し、少しはＪリーグ昇格に貢献できたと思っているが、翌97年シーズンはわずか5試合の出場にとどまった。それでも、選手として感じるはずの、ピッチに立てない悔しさやストレスを抱くことはこの年は不思議となかった。

もちろん試合には出たかったが、何が足りないかを納得できていたからこそ、モチベーションは萎えなかった。すべての選手を納得させた上で楽しませ、なおかつ真剣に練習へ臨ませる。バクスター監督の指導方法は、00年から指導者の道を歩み始めた僕に大きな影響を与えたことは言うまでもない。

もっとも、5試合しか出場していない選手の契約が更新されるほどプロは甘い世界ではない。当時はJリーグ合同トライアウトもまだ実施されていない。あるJ2クラブの練習に参加したものの、色よい返事をもらうことはできなかった。

実は97年シーズンの途中で、ひざの腸脛じん帯を痛めていた。キックをほとんど繰り出せない状態にまで悪化していたのと、年が明けてすぐに29歳になることを考えたとき、現役を続けるのは難しいという結論に達した。

中学1年生が人生で一番大事

サッカーに別れを告げた直後の心境をカッコよく表現すれば、誰も知らない場所で自分を見つめ直したい、となるだろうか。

もっとも、第一章で記したように、ドイツ・ケルンにわたって1年ほどの時間がすぎたときに偶然にも受講した、指導者ライセンス講習会で経験した至上の喜びが、指導者という仕事に対する価値観を変えた。そして、ほぼ同じ時期に日本からあるオファーももらっていた。

「川崎フロンターレというチームのコーチをやらないか」

ケルンまで連絡をくれたのは早稲田大学ア式蹴球部の大先輩で、68年のメキシコオリンピックで銅メダルを獲得した日本代表のキャプテンを務めた名選手、八重樫茂生さん（故人）だった。

00年に初めてJ1に挑むフロンターレには、同じく大学の先輩で、卒業後はフロンターレの前身である富士通サッカー部でプレーした経験をもつ今井敏明さんがコーチに就任することも決まっていた。

もう一人、アシスタントコーチが必要な状況になり、今井さんからも声をかけていただいた。指導者としてサッカー人生を再開させることに、僕自身も何の迷いもなかった。もっとも、第一歩となった00年をあらためて振り返れば、状況をほとんど理解できないまま時間がすぎていった、となるだろうか。

1年間の間に2度も監督が交代するなど、フロンターレそのものも混乱していた。ヘッドコーチから昇格するかたちで就任した、ブラジル人のゼッカ監督はファーストステージの10試合を終えた段階で電撃的に解任された。

新監督には今井さんが昇格したが、9月になって再び解任される。その年に育成部テクニカルディレクターに就任していた小林寛さんが急きょ後任を務め、ヤマザキナビスコカップでは準優勝を果たした。しかし、J1の年間総合順位で最下位に終わり、1年でJ2へ降格したことを受けて辞任した。

当時31歳だった僕がアシスタントコーチとして何をしていたかと言えば、監督やコーチに言われたことを、とにかく迅速に実践することだった。指示されたメニューに従ってマーカーを置き、次のメニューに移る前にすぐに片づける。あるいは、ピッチの外に飛び出してしまったボールを拾いにいく。メニューの組み立て方などを学ぶ余裕は、皆無だったと言っていい。

1年でJ2へ降格したことを受けて、フロンターレはすべてのカテゴリーを対象として、コーチングスタッフを再編成することになった。

僕は中学生年代の、それも01年春から新たに入ってくる1年生を指導することになった。アカデミーを統括するトップからは「中学1年生のころが、一生で一番大事だからな」と背中を押された。

いまでこそしっかり整備されているフロンターレのアカデミーだが、当時は中学生年代のジュニアユースも設立されたばかりで、地元でもそれほど認知されていなかった。才能のある子どもは横浜F・マリノス、湘南ベルマーレ、隣県のFC東京、東京ヴェルディの門を叩いていた。

そうした状況で、どのように指導していけばいいのか。春までは新3年生および新2年生の練習を手伝いながら、自分なりに「こうじゃないかな」と考えをあれこれめぐらせた。何もわかっていなかったという点で、いま振り返ればめちゃくちゃ恐ろしい指導者だったと思わざるをえない。

そして、セレクションを通った約20人の新中学生と初めて対面した。それまで抱いていた先入観が、ものの見事にひっくり返された。まったく悪くない。というよりも、自分が中学生だったころよりもはるかに上手い。

しかも、誰もが「プロの選手になりたい」と目を輝かせている。高校生年代のユース、それも最上級生になれば何となく将来が見え始めるが、小学校を卒業したばかりの彼らは夢だけを抱いている。そのなかに、後にベルマーレの監督と選手の関係になる、永木亮太（現鹿島アントラーズ）と高山薫がいた。

彼らの純粋さや一生懸命さをしっかり受け止めなければいけない、と考えただけで身の引き締まる思いに駆られた。決して大げさではなく、子どもたちの将来に対する責任も感じたからだ。数ヶ月前にアカデミーを統括するトップからかけられた言葉の意味を、あらためて理解することができた。

活動を始めてほどなくして、マリノスの同世代の子どもたちに10点取られて負けた試合があった。ショックが残る大敗を喫しても、チャレンジしたすえの失敗ならばかまわない。笑顔で子どもたちを迎え、こんな言葉をかけた。

「お前らはウサギじゃないから、急に速く走ることはできない。それでも、一歩ずつ前へ進んでいける意味で亀と一緒だ。だからあきらめるな。3年生になったときに、この差を詰めればいい。悔しさだけを残していこう」

一方でミスをすることと甘いこととは、まったく違うことだという話を何度もした。たとえばスパイクを忘れた、あるいは磨いてこなかった子どもがいれば、準備を怠るのは言語道断だと真剣に叱った。スパイクの値段を聞いたうえで、しょぼんとしている子どもにこう問いただしたこともある。

「スパイクを買うために、お前の両親は何時間働いたと思っているんだ」

合宿や試合の集合時間に遅れた子どもに対して、お金を手わたしたうえで「それくらいあればここから帰れるだろう」と叱り飛ばしたこともある。こんな調子だったから、子どもたちの記憶のなかには具体的な練習メニューよりも、僕に叱られたことのほうがいまも色濃く刻まれていると思う。

100%のエネルギーを注げるか

親御さんたちも当初は「この監督は何なんだ」と思われたはずだ。僕のことを否定的に見ていた方も少なくなかったと思うけれども、中学生になったばかりの多感な年代だからこそ、ただ単に結果が出ればいい、目の前の試合に勝てばいいいと思ってほしくはなかった。

中学生年代にはやんちゃな子どももいれば、おとなしい子どももいる。やる気がある子どももいれば、そうじゃない子どももいる。急速に伸びる子どももいれば、3年生になってもフィジカルがほとんど変わらない子どももいる。

成長の度合いが選手個々でまったく違うからこそ、ピッチのなかだけでなく外でも、彼らにどのように接していくかが非常に大事になる。僕の思いが伝わったからか、3年目を迎えた03年には「監督にお任せします」という雰囲気が、親御さんたちのなかに生まれていると感じることが多かった。

こうした流れもあって、フロンターレ側からはユース年代を指導してほしいと要望されていた。しかし、ユースへの昇格が決まっていた永木や高山を04年以降も引き続き指導することに、僕はちょっとした違和感を覚えていた。

指導者として何もない状態から3年間、無我夢中になって突っ走ってきた。毎日100%のエネルギーを注がなければ、たとえるなら真っ白なキャンパスとなる子どもたちと向き合う資格はないと自分自身に言い聞かせてきた。

決して自分の引き出しが空っぽになったわけでない。それでも、何となく教えられるかもしれない、という考え方でユースを指導することは、彼らに最高のものを与えられない状況を意味する。自分のなかでは許されないことだし、何よりも子どもたちに対して失礼だと思うようになった。

おりしも、セレッソ大阪からトップチームのコーチとして誘われていた。オファーを出してくれたのは早稲田大学ア式蹴球部、そして日立製作所本社サッカー部および柏レイソル時代のひとつ後輩で、01年の夏からセレッソのチーム統括ディレクターに就任していた大倉だった。

レイソル時代に夕食後のファミリーレストランで、サッカー界が抱えるさまざまなテーマを熱く語り合ったことはすでにこの章で記した。サッカーに対する価値観が合う大倉と再び一緒に仕事ができる、それもフロントと現場で立場を変えて進んでいける道を選んだ僕は、フロンターレに断りを入れた。

迎えた03年12月。フロンターレU-15監督としての最後の日は、いまでも鮮明に覚えている。生まれたばかりの娘を抱いて、その日に行われた試合を見にきていた妻を介して、3年間教えてきた子どもたちから激励のメッセージがしたためられた色紙をもらった。

グラウンドを訪れていた親御さんたちも、妻に「ありがとうございました。頑張ってくださいとお伝えください」と温かい声をかけていただいた。伝え聞いた僕は涙をこらえることができなかった。

18年で30歳となる最初の教え子たちとは、結婚や出産の報告などを含めて、いまでも付き合いを続けている。永木の結婚式に出席したときは、それこそ家族や親戚中から感謝の言葉をいただいた。昨シーズンのJ2優勝直後には、当時の子どもたちだけでなく親御さんたちからも祝福の言葉をいただいた。

色紙はいまも自宅に大切に飾ってある。指導者としての第一歩を記させてもらった彼らからは、僕自身も数多くのことを学んだ。あの3年間がなければ、いまこのようにして湘南ベルマーレの監督を務める自分は存在しなかった。かけがえのない時間を得たことに、心から感謝している。

もっとも、期待を抱きながら臨んだセレッソでの日々は、いきなり大混乱に直面する。シーズンの始動直前からファーストステージを最下位で終えるまでに、外国人監督が2度も交代したのだから無理もない。

セカンドステージからは、前年まで大分トリニータの指揮を執っていた小林伸二監督（前清水エスパルス監督）が就任した。それでもなかなか上向きに転じなかったが、最後の2試合、清水エスパルス戦とアルビレックス新潟戦をともに2対1でしのぎ切り、かろうじてJ1残留を果たした。

当時のセレッソの陣容は、決して残留争いを強いられるそれではなかった。ワールドカップ日韓共催大会の代表メンバーだったMF森島寛晃選手とFW西澤明訓選手の両レジェンドが健在なうえ、国見高校から加入して4年目のFW大久保嘉人選手（現川崎フロンターレ）が2年連続で2桁得点をマーク。中盤の底では、ベテランの布部陽功選手（現京都サンガFC監督）がいぶし銀の存在感を放っていた。

それでも、最後の最後までもがき苦しんだ。何とか残留を勝ち取るまでの過程で痛感させられたのは、自分の無力さだった。指導者になって5年目なのに試合の映像を分析する力もなければ、個性豊かな主力選手たちを納得させられる雰囲気や接し方ももち合わせていない。何よりも彼らをハッとさせられる、彼らの心に響くような言葉を発することができなかった。

ヘッド格のコーチという立場だったのに、監督の力にまったくなれなかった。シーズンを戦い終えたとき、自分の心のなかに残っていたのは、自分は指導者に向いていないのではないかという挫折感だった。このままでは指導者として限界がくる、という危機感と言ってもいいかもしれない。

ありがたいことに、セレッソからは来たる05年シーズンからユースを指導してほしいと要請された。ちょうど柿谷曜一朗選手が昇格する年だったが、トップチームで何ひとつ役に立てなかった自分が、セレッソの将来を担う高校生を指導していいのか、という葛藤にさいなまれた。

04年シーズンまでセレッソに在籍し、いま現在は解説者を務める佐藤悠介氏（株式会社スポーツキングダム代表取締役）が昨シーズンのある試合の実況中に、セレッソ時代の僕について言及したと後になって聞いた。

「選手に向き合う人で、曺さんに言われたら逃げられなかったですね」

そう言われると確かに嬉しかったけれども、僕自身は意外だった。当時の記憶をどう探してみても、思い当たる節は見当たらなかったからだ。それだけ手応えも何もない、焦燥感だけに駆られた1年間だった。

ベルマーレから託されたミッション

考え抜いたすえに、たとえアカデミーの指導者であっても、僕はセレッソに残ってはいけない人間だという結論に達した。

もっとも、こうした苦い経験談を、いま現在の湘南ベルマーレのコーチングスタッフやアカデミーの指導者たちに話しても、ほとんどが信じてくれない。それどころか、決まったように「嘘でしょう」という言葉が返ってくる。そのたびに彼らには、こんな話をするようにしている。

「選手だろうが指導者だろうが、人間である以上は誰でも失敗する。ただ、それを隠そうとするとか、あるいは認めなければ成長は止まってしまうよ」

挫折を味わわされたときに自分の過ちや力不足を認めるのは、人間ならば誰でも避けたがる。非常に勇気が必要な作業でもあるけれども、僕自身は04年シーズンの自分に対して素直にそう思えた。あのときに指導した選手たちに対しては、いまでも申し訳ない気持ちでいっぱいだ。

そして、自分自身に向けられた厳しい視線は、05年以降の身の振り方を決めるうえでも大きな影響を与えている。

セレッソを去ることを決めた僕のもとには、3つのオファーが届いていた。2つはJ1のトップチームのコーチを務めるものだった。条件を含めて、本当にありがたい話だと思いながらも断りを入れた。

選んだのはJ2を戦って6シーズン目になる湘南ベルマーレ、それもジュニアユースの監督だった。周囲からは何度もこう聞かれた。

「なぜJ2が定位置となった、予算にも恵まれていないベルマーレなのか」

このときにオファーを出してくれたのも、僕よりもひと足早くセレッソを退団し、ベルマーレの強化部長に就いていた大倉だった。セレッソのときから若年層の育成がこれからは必要不可欠になるとお互いに話していた大倉から、10年のスパンでベルマーレのアカデミーを充実させるミッションを託された。

アカデミーに所属する子どもたちが、サッカーを通じて将来的に一人前の社会人になれるように、日々の積み重ねを大事にする組織にしてほしいとも要望された。僕自身、子どもたちともう一度向き合わなければダメだと感じていた。指導者として再出発を図りたいと考えていたタイミングで、魅力的でやりがいのある仕事だと感じられた。

子どもたちを納得させられる説得力を帯びた言葉。日々の練習メニューの組み立て方。映像を通して試合を分析する力。クラブや親御さんとしっかりコミュニケーションが取れる対応力。指導者として遅まきながら何かをつかみたい、という謙虚な気持ちを抱きながらベルマーレの一員になれたのも、セレッソで直面した大いなる挫折のおかげだといまでも思っている。

クラブのアイデンティティーを作る

05年シーズンの開幕に先駆けて、ベルマーレは『FUTURE2015』と題された中期目標を発表している。

大倉が中心となり、10年後の15年シーズンのベルマーレがあるべき姿を、

①J1リーグに存在する

②登録選手中、半分以上がユース出身選手
③キャプテン（中心選手）がユース出身選手

と設定した。3つの目標のうち2つで、アカデミーは極めて大きな役割を担わなければいけない。06年からはユースの監督に就任した僕は、ベルマーレのアカデミーで育ってきた選手はこうあるべきだという、いわゆるアイデンティティーを作らなければいけないと考えていた。

当時の環境を振り返れば、練習場は土のグラウンドで、雨が降ろうものならぐちゃぐちゃになり、トップチームはJ1に昇格できない状態が続き、クラブそのものも決して資金が潤沢ではなかった。

それでも、指導者に熱意があればアイデンティティーを作ることはできる。クラブ全体をピラミッドにたとえれば、土台となるアカデミーに共通のコンセプトを掲げることで、子どもたちが上のカテゴリーに昇格するたびにDNAも引き継がれていく。当時の僕の心境を説明すれば、使命感と責任感、そして期待感が3分の1ずつを占めていたとなるだろうか。

おりしも日本サッカー界全体が、スペインのラ・リーガの強豪FCバルセロナに倣い、ポゼッションサッカーを志向しようとしていた時期だった。そうした状況のなかで、僕は何よりもまず「走る」をベルマーレのアカデミーにおけるアイデンティティーにすえた。

僕のテーマ設定がよかったのかどうかは、現時点でも結論が出ないだろう。賛否両論があったことも、もちろんわかっている。それでも、タレントを求めたらきりがないし、何よりも戦える選手が数多くいなければ、ベルマーレのような規模の小さなクラブは生き残っていけないのではないかと考えるに至った。

そのためにも、ベルマーレのアカデミー出身の選手はみんな頑張れる、飛び抜けて上手くはないけれどもチームが勝利を目指すためには絶対に必要だ——誰からもそう思われる選手をどんどん育てたいと青写真を描いた。

ジュニアユースの監督に就任した05年は、小学生年代のジュニアから育ってきた古林将太（現ベガルタ仙台）が、ちょうど2年生に上がってきたときだった。ユースの監督になった06年は最上級生に猪狩佑貴（現湘南ベルマーレフロントスタッフ）、2年生には鎌田翔雅（現清水エスパルス）がいた。

07年になると古林がユースに昇格し、長野県の佐久サームFCからは菊池大介（現浦和レッズ）が加入した。菊池はすぐにトップチームに2種登録され、7月7日のアビスパ福岡とのJ2第26節で初出場を果たしている。

菊池は週に3回ほどトップチームの練習にも参加していたので、僕も付き添った。練習後には当時の菅野将晃監督（現ノジマステラ神奈川相模原監督）、浅野哲也ヘッドコーチ（現AC長野パルセイロ監督）、小笠原唯志コーチ（現AC長野パルセイロ強化ダイレクター）の話をよく聞かせてもらった。

特に菅野監督は京都パープルサンガ（当時）でユースのコーチやジュニアユース監督を、浦和レッズでもユース監督を務めたキャリアをもっていた。育成年代の子どもをどう見るのか、育成の指導者がトップチームを率いたときにどのような考え方で指導するのか、といった話は非常に興味深いものだった。

育成論の章で記したように、08年には遠藤航（現浦和レッズ）が横浜市の南戸塚中学から加入した。

その年のJFAプリンスリーグU-18関東1部で僕は1年生の2人、遠藤とジュニアユースから昇格した岡崎亮平を、経験を積ませる狙いを込めて優先的に起用した。結果としてベルマーレユースは、2分け9敗とひとつの白星もあげられずに最下位に終わり、2部への降格が決まった。

試合で3年生をほとんど起用しなかったことで猛反発を受けたし、親御さんからも厳しい言葉が寄せられた。僕のことを恨んでいた選手もいたかもしれないけれども、それでも断固として考え方を変えなかった。

Jクラブのユースチームである以上は、もちろん目の前の試合に勝つことは大事なことだ。しかし、そうした考え方だけにのっとり、年功序列的に選手を起用していたら、トップチームへ選手を昇格させる、要はプロ選手を輩出することは難しいとも考えていた。

3年生たちに対して、もちろん申し訳ないと思う気持ちもあった。それでも、もし時間を巻き戻すことができて、同じ状況にもう一度直面したとしても、1年生ゆえに体などはできあがっていないものの、大きなポテンシャルと将来性を秘めた2人を起用しただろう。

その後の2人の軌跡をたどれば、遠藤は3年生だった10年シーズンにトップチームへ2種登録されてJ1の戦いを経験し、翌11年シーズンからは正式に昇格した。ユースからの昇格こそかなわなかったものの、岡崎も中央大学をへて15年シーズンにベルマーレへ加入している。

アイデンティティーを作るという明確な目的が自分のなかにあったからこそ、表現は悪くなるかもしれないけれども、何を言われても動じない強さといったものが自分のなかにあった。セレッソのコーチ時代に経験した挫折に比べれば、乗り越えられないハードルには思えなかった。

チャレンジに近いアプローチを、僕は昨シーズンにも取っている。高卒ルーキーのDF杉岡大暉、ユースから昇格したDF石原広教らの若手や、サイドハーフからコンバートさせた2年目のDF山根視来の起用は、もしかするとチームの内外で驚きをもって受け止められたかもしれない。

たとえば杉岡と石原、そして2年目のMF神谷優太（今シーズンより愛媛FCへ期限付き移籍）と十代の選手3人を先発で起用した4月9日の東京ヴェルディとの上位対決後には、監督会見後のいわゆるぶら下がり取材で、メディアの質問に対してこんな言葉を残してもいる。

「プレッシャーのかかるこの試合で彼らを使ったことで、もし負けたとしても僕のなかで後悔はなかった。いままであったものだけにしがみついて、遺産でサッカーをやるよりは、新しいものを創り出しながら、いままでよかったものの上に積み上げていくのが湘南のスタイルだと思っているので」

石原や16年シーズンの途中にトップチームへ飛び級でユースから昇格させたMF齊藤未月は、決して上手くないけれども常に歯を食いしばって戦う、ボールを失えばすぐに追いかける、フェアプレーを徹底するといった部分で、アカデミー出身の古林や鎌田、菊池、遠藤たちに共通するDNAが力強く脈打っていると自身を込めて言うことができる。

全ての決断を下し、全ての責任を負う

ベルマーレ平塚時代のOBでもある反町康治監督（現松本山雅FC監督）が就任した09年シーズンから、トップチームのコーチに昇格した。

セレッソ時代の挫折もあり、大倉から言われたときには「自分が役に立つのかな」という疑問が頭をもたげた。ただ、ベルマーレの一員になって5年目で、なおかつ40歳になる年でもあり、新たなチャレンジへと踏み出す時期になったという思いも込みあげてきた。

この年のベルマーレはJ1に昇格できる最後の1枠を、ヴァンフォーレ甲府と激しく争った。迎えた12月5日の最終節。アウェイで水戸ホーリーホックに2点を先制される苦しい展開から、田原豊、阿部吉朗の両FWが3ゴールをあげて大逆転に成功し、実に10年ぶりとなるJ1復帰を決めた。

翌10年シーズンは一転して、J1の厚い壁にはね返され続けた。7月18日の京都サンガ戦を最後に、最終節まで21試合続けて勝利をあげられなかった。最後は8連敗で幕を閉じ、第30節の清水エスパルス戦でJ2降格が決まり、続く第31節の名古屋グランパス戦では目の前で優勝を決められた。

再びJ2を戦った11年シーズンは、J1昇格争いになかなか加われずに14位に終わった。ただ、トップチームに昇格した遠藤、専修大学出身のFW高山薫、前年はJFA・Jリーグ特別指定選手として登録されていた中央大学出身のMF永木亮太らのルーキーが活躍し、翌12年シーズンへ希望をつないだ。

特に高山は2トップの一角として、チーム最多の9ゴールをマークして気を吐いた。川崎フロンターレのジュニアユースの監督を辞めたのが03年12月。それまで3年間教えてきた永木および高山とベルマーレというチームで再会を果たし、もう一度指導するとは夢にも思わなかった。

アップダウンが激しかった3年間で、僕自身はいろいろなものを吸収することができた。トップチームを率いる監督の仕事とはこういうものなのかと、肌で感じることのできた日々はかけがえのない財産になった。セレッソ大阪のコーチを務めた04年シーズンの挫折は、いったい何だったのかと思えたほどだ。

特に対戦相手の緻密な分析と、セットプレーに対する微に入り細を穿つ準備には大きな感銘を受けた。相手のそういうところを見ているのかと、いわゆるカルチャーショックを受けたことも一度や二度ではない。一緒に仕事をしたコーチの方々は、昔もいまも反町監督から大きな影響を受けていると思う。

アルビレックス新潟、そして北京オリンピックに臨んだU‐23日本代表の監督を務めていたときから、反町さんの徹底ぶりは半端ないと人づてに聞いてきた。映像による分析は深夜までおよび、もちろんコーチングスタッフも総出で取り組むとも言われたが、僕はむしろ楽しみにしていた。

実際にシーズンが始まると、コーチとして何をしなければいけないのかを、自分のなかで明確に整理することができた。サポートをすると言っても、何も反町監督に対するものだけではない。他のコーチングスタッフや選手たちも含めて、チーム全体に目配せしながらサポートしていく。

反町監督に提言することもあれば、チームとして問題があると気づいたときには、僕の判断で選手に対して厳しく言うこともあった。反町監督と選手の間に入ることも少なくなかった。

そして、間近で見ていた反町監督の立ち居振る舞いから、現場を預かるトップとして最も大切な姿勢も学んだ。最後は監督が決定をくだし、結果に対する責任を負う。何かが起きたときに、責任を分散しては絶対にいけない。コーチ陣に責任の10％だけもってほしい、では動かない世界だと再確認できた。

だからこそ、突然の退任表明もある意味で理解できた。11年11月6日に行われたFC東京との第34節で1対2と敗れ、4試合を残してJ1昇格への可能性が完全に消滅した責任を取るかたちで、反町さんは試合後の監督会見でシーズン終了後に辞めると明言した。

クラブ側にとっても寝耳に水だったという反町監督の退任は、僕の指導者人生のなかでも大きなターニングポイントとなった。

当時の事情を明かすと、ユース以下のすべてのカテゴリーをもう一度立て直すために、12年シーズンから再びアカデミーに戻すかもしれないと僕はクラブ側から言われていた。

それだけに眞壁潔代表取締役社長（現代表取締役会長）から監督としてオファーを受けたことは、まさに青天の霹靂だった。

強化部長の大倉こそ大学時代から僕のことを知っていたものの、当の眞壁社長は大きな不安を抱えていたと思う。指導者として何の実績もなければ、監督としてトップチームを率いた経験もない僕を、行く先々で実績を残してきた反町さんの後任にすえるのだ。

オフに多くの主力選手が抜けたチームは、若返りを余儀なくされていた。加えて、11年シーズンはユニフォームの胸スポンサーがつかなかったことで資金も不足している。12年シーズンからはＪ２とＪＦＬの入れ替えも実施されるなかで、14位からさらに順位を下げて降格してしまうかもしれない。

考えただけで、ネガティブな要素ばかりが脳裏に浮かんでくる。そのなかで、手腕が未知数の新人監督というリスクを承知のうえで、クラブが僕にバトンを託そうとした理由はわからなかった。

それでも、ベルマーレの未来を考えたとき、自信がないからと言って逃げるわけにはいかないと思った。オファーを受諾してから、年明けの1月17日に設定された新チームの始動日まで、正月をはさんで自問自答を繰り返した。そして、弾き出された答えを、初練習を前にしたミーティングで選手たちに告げた。

「技術論や戦術論が、他の監督に比べて長けているわけもない。僕以上に能力のある監督は大勢いるけれども、ひとつだけ負けていないと自負するものがあるとすれば、お前たちと一緒に戦いたい、一緒に成長していきたい、一緒に勝利をつかみ取っていきたい気持ちだ。これから変なことをたくさん言うかもしれないけれども、一緒にやっていこう」

もっとも、どんなに熱くても、どんなに一途でも、気持ちだけで勝てるほど甘い世界ではないことは、コーチとして反町さんをサポートしながら何度も痛感させられた。ならば、12年シーズンに預かった選手たちの実力を最大限に引き出すには、どのような戦い方がベストなのか。

確か当時はセリエBを戦っていたFCクロトーネの試合を、テレビ越しに見たときだったと記憶している。僕の脳裏にいま現在のベルマーレにつながる、明確なビジョンがひらめいた。

ベルマーレのジュニアユースやユースを率いていた僕は、オーソドックスな4バックで戦うことが多かった。

ただ、たまたま見たFCクロトーネや、11 - 12年シーズンのUEFAチャンピオンズリーグで、バイエルン・ミュンヘンやマンチェスター・シティと対峙したグループAを突破してベスト16に進出したナポリは、僕がよく見ていたブンデスリーガでもほとんど見られなかった3バックで戦っていた。

日本サッカー界全体が抱える課題を、あらためて思い出してみた。左右のサイドバックを務められる人材も、相手を潰せて、なおかつボールを配給できるボランチもなかなかいない。当時のベルマーレも然り。要となるポジションの選手たちがいなければ、4バックで特徴を出そうにも難しい。

ひるがえって、3バックならば動ける選手がベルマーレにはそろっていた。両アウトサイドでアップダウンを繰り返せる選手も多かった。ボールをもった相手を潰す仕事に特化させれば、ボランチの顔触れも決して悪くはない。

最終ラインを3バックにした場合、アルビレックス新潟から期限付き移籍で加入した左利きの大野和成（今シーズンより完全移籍で加入）を左に、ユース時代に攻撃的なポジションからディフェンダーにコンバートさせていた鎌田翔雅を右に配置することで、彼らの機動力を生かすこともできる。

アウトサイドとしては右に古林将太がいたし、左にはフォワードの高山薫がはまると個人的に考えていた。反町前監督も11年シーズン終盤の天皇杯では高山を左サイドで起用していたように、スピードがあって、前への推進力があって、スタミナも兼ね備えている高山は打ってつけだった。

ボランチにはボール奪取力に長けた永木亮太、韓国代表としてワールドカップ・ブラジル大会に出場したハン・グギョン（現Kリーグ江原FC）が11年シーズンに続いてコンビを組んだ。さらにはキャプテンの坂本紘司（現湘南ベルマーレスポーツダイレクター）、この年にモンテディオ山形から完全移籍で加入した下村東美と、決して上手くないけれども走れる選手がそろっていた。

そうした顔ぶれを見たときに、発想を180度変えようと決意した。自分たちがボールをもったときではなく、相手がボールをもったときにサッカーができるようなフォーメーションと選手配置を考えるようにした。その結果として、いまでも基本的な形としている「3‐4‐2‐1」に行き着いた。

シーズンの開幕を前にして、選手たちには「運動量でどんどん勝負しよう」と檄を飛ばした。実はコーチ時代にも幾度となく、反町監督に「3バックでいきましょうか」と提言してきた。自分のなかで長く温めてきたアイデアに、さらにアレンジを加えたものを、監督の責任のもとで体現したかたちだ。

いま現在でこそ同じような戦い方をするチームが増えてきたが、当時でいえば画期的だったと自負している。なぜこんなにガツガツくるのか、と驚いた相手チームは決して少なくなかったはずだ。

これが湘南のサッカーだと胸を張れる空間

12年シーズンのベルマーレは開幕4連勝を達成し、引き分けをはさんで、再び白星を綺麗に4つ並べた。

鮮やかな開幕ダッシュを成功させ、サッカー界に少なからず衝撃を与えられた要因は、ホームに京都サンガを迎えた3月4日の開幕戦にあった。

前半31分に先制されたように、攻撃も守備もすべて相手のほうが上だった。あのまま負けていれば、その後の軌跡は大きく変わっていただろう。ただ、ピッチに送り出された選手たちは、前年までのベルマーレのイメージを自分たちの手で変えてやろう、という気概に満ちあふれていた。

失点からわずか6分後にルーキーのMF岩上祐三（現松本山雅FC）が同点ゴールを決めると、そのまま突入した後半アディショナルタイムにシャドーで起用した菊池大介が決勝点を叩き込んだ。

平均年齢が約22歳の若いチームが劇的な勝利で自信を深めて、一戦ごとにたくましさを増しながら、勢いを加速させてシーズンを戦っていったことは間違いない。僕にとってもメンバーの人選を含めてすべてがチャレンジだったが、選手たちの表情が常にいきいきと輝いていたのを覚えている。

若いがゆえに好不調の波が大きく、なかなか勝ち点を伸ばせない時期もあったけれども、ポジティブなイメージが失われることはなかった。恐れるものは何もないチームの典型と言えばいいだろうか。

上位2チームがJ1へ自動昇格できるなかで、ベルマーレは2位のサンガに勝ち点1差の3位で迎えた11月11日の最終節で、FC町田ゼルビアに3対0で勝利した。一方のサンガはヴァンフォーレ甲府とスコアレスドローに終わったことで、大逆転でのJ1昇格が決まった。

昨シーズンを含めて、その後に2度味わったJ1昇格とはまた違った喜びがあった。これが新しいベルマーレなんだ、というメッセージも発信したいと思っていた1年だったことを考えれば、一番嬉しい昇格だったかもしれない。

試合後の監督会見に出席し、ホームのときは進行役を務めるベルマーレの広報によれば、12年シーズンのある試合後の会見で僕が口にした「湘南スタイル」という言葉が、時間の経過とともに広まっていき、いまではベルマーレというクラブに関わる誰もが違和感なく使う固有名詞となったという。

僕自身は件の監督会見に対する記憶が曖昧だが、神奈川県内だけでもJクラブが実に6つを数え、隣接する東京都にもFC東京や東京ヴェルディ、ゼルビアがあるなかで、ベルマーレのアイデンティティーを発信する意味でも、いつしか「湘南スタイル」という言葉が定着したことは非常に重要だと思っている。

僕なりに「湘南スタイル」を定義すれば、戦術などサッカー的な部分だけにスポットが当てられるものではないと思っている。スタンドのファンやサポーターとピッチ上の選手たちが常に気持ちをシンクロさせながら、これがベルマーレのサッカーだと胸を張れる空間を作り出すこと、となるだろうか。

普遍的に映るテーマを具現化させる手段として、攻守を素早く切り替える、攻守両面で相手より人数をかける、パス全体に占める縦パスの割合を4割近くにする、といった特徴があげられる。そういうサッカーをやりたいと望む選手が、集まってくるようになったといまでは思っている。

もっとも、3年ぶりにJ1へ挑んだ13年シーズンは、最終的には6勝しかできずに16位に終わり、1年でJ2へ降格してしまった。

横浜F・マリノスのホームに乗り込んだ3月2日の開幕戦。一時は2対1と逆転に成功したものの、後半途中からMF齋藤学選手が出てくると、大人と子どものような試合展開に一変する。完全に足が止まった残り20分間で、立て続けに3ゴールを奪われて逆転負けを喫した。

通用していた部分はあったとは思うけれども、明らかに異なる相手とのレベルに、第2節以降は選手たちが臆してしまったと言えばいいだろうか。ボールを奪いにいけばいいなされ、逆にボールをもてばすぐにミスをして失ってしまう。

ただ、僕自身のなかでは仕方がないというか、J1の壁にはね返されることはある程度織り込み済みだった。反町監督のもとでJ1を戦った10年シーズンはもっとボロボロにされた感が強く、免疫ができていたこともあったので、自分たちがやるべきスタイルを変えようとはまったく考えなかった。

最後は6連敗でシーズンを終えたが、すべて1点差だったように、内容的にはよくなってきたと感じていた。実際、試合終了間際に追いつかれて引き分けたものの、後半戦では浦和レッズや名古屋グランパスと互角の勝負も演じていた。

最終的に降格したのに、なぜ甘いことを言っているのかと思われるかもしれない。それでも、ベルマーレというクラブの未来を考えれば、非常に大事な1年だったといまでは思っている。


若い選手たちを育てながら、ほとんどメンバーを変えることなく2年間戦い、その結果としてJ1の舞台では力及ばなかった。クラブから辞めてほしいと言われれば潔く身を引いたが、自分から辞めようとは一度も考えなかった。実際にクラブから続投を要請され、引き続き指揮を執ることになった。この決断もまた、責任を負う上でのひとつのかたちだと思っている。

2試合を残してJ2への降格が決まった11月23日のFC東京戦後に、味の素スタジアムのロッカールームで行ったミーティングで選手たちにこう告げた。

「胸を張ってスタジアムを後にしてほしい。このチームの監督を務めてきたことを誇りに思う」

選手たちは何も足を止めて、降格の二文字を受け入れたわけではなかった。少しずつでも必死に前へ進みながら、目の前に幾重にもそびえ立っていた壁を乗り越えようとした。最後までファイティングポーズを失わなかった彼らの姿勢は、必ずや捲土重来を期すための糧になると感じていた。

Jリーグの歴史を振り返ってみれば、J2へ降格したチームのほとんどは、J1チームの補強戦略のターゲットになってきた。選手たちの本音としても、よりレベルの高いJ1でプレーしたいと望むのが自然であり、僕自身、選手たちにはプロ選手としての心構えをこう説いていた。

「自分のことを評価してくれるチームがあるのならば、条件などを含めて話を聞きにいくべきだ」

しかし、中心となってプレーした選手のなかで13年シーズンのオフにベルマーレを離れたのは、ともに柏レイソルへ完全移籍した高山とハン・グギョン、期限付き移籍が満了となった大野だけだった。14年シーズンの始動を前にしたミーティングで、僕は感謝の思いを込めながらこんな言葉を残している。

「ベルマーレというチームに残ろうと思ってくれた選手がこれだけいたことが、我々にとっての最大の補強だと思っている」

チームの躍進と選手の充実感

14年シーズンはチームの編成もスムーズに進んだ。最初にDF丸山祐市がFC東京から期限付き移籍で加入したことで、3バックの真ん中を務められる選手が決まった。同時に遠藤航には、13年シーズンの後半から任せている3バックの右でプレーさせることができた。

大野が抜けた穴は早稲田大学から加入したルーキーで、大野と同じく左利きの三竿雄斗（現鹿島アントラーズ）で埋まるめどが立った。最終ラインの選手と考えていた、日本体育大学から加入したルーキーの菊地俊介はボランチの適性もあることがわかり、ハン・グギョンの穴も埋まった。

高山が抜けた左のアウトサイドは、菊池大介をシャドーから回せばまったく問題ないと確信していた。開幕直前に右アウトサイドの古林が右ひざの前十字じん帯を断裂した想定外のアクシデントは、アルビレックス新潟から期限付き移籍で急きょ加入した藤田征也が十二分にカバーしてくれた。

1トップには前年6月に加入していたウェリントン（現ヴィッセル神戸）が、シャドーの一角にはレイソルからの期限付き移籍を1年間延長した武富孝介（現浦和レッズ）がフィット。もう一人のシャドーには、サガン鳥栖から期限付き移籍で加入した岡田翔平（現ザスパクサツ群馬）がピッタリとはまった。この3人だけで、最終的には43ゴールをあげている。

それまで積み重ねてきたものがほとんど失われないどころか、むしろグレードアップした感すらあった。破竹の開幕14連勝も、史上最速となる9試合を残してのJ1昇格も、最終的に勝ち点101を獲得した独走での優勝も、それだけ14年シーズンは他のクラブと力の差があったことを物語っている。

実際、前半戦の早い段階から、対戦相手がベルマーレに対して怯んでいることが伝わってきた。こちらがプレッシャーをかければ、相手はもう蹴るしかないというシーンが何度も繰り返された。それでも機会があるたびに、1年間でわずか3敗しかしなかった選手たちにこんな言葉をかけた。

「このままじゃあＪ１では通じないぞ」

決してＪ２で対峙する相手チームを軽視していたわけでも、もちろん驕っていたわけでもない。それでも前年のＪ１で味わわされた悔しさを糧に無我夢中で戦った結果として、メディアなどでよく異次元と形容された強さを発揮できたのも歴史のひとつであり、ベルマーレというクラブが世の中に広く知られるきっかけになったシーズンだったと思っている。

14年シーズンに導かれる続編をもうひとつあげるとすれば、3年ぶりに戦うステージをＪ２へ移した昨シーズンの戦いで、ベルマーレにひと泡吹かせてやろうと臨んできた各チームに苦しめられた跡にもつながっている。

「選手たちの表情が素晴らしい。ベルマーレには非常に好感がもてるよ」

14年シーズンを戦いながら、指導者を含めたいろいろな方からこんな言葉をかけられた。

お世辞も含まれていたかもしれないが、それでも「表情が素晴らしい」と言われて嬉しくないはずがない。選手たちが充実感を覚えていなければ、見ている人たちもそう感じることはない。名将と呼ばれる世界中のどんな監督でも、選手たちに充実感を強要することはできないからだ。

ただ、再びJ1に挑む15年シーズンは難しい戦いになると覚悟していた。他のチームからオファーを受けていた永木や遠藤が、自らの意思で残留した。前年の戦いを通してチーム全体の自信も深まっているし、ある程度は戦える手応えはあったものの、そう簡単にいかないのがJ1だと思っていた。

資金的な問題もあって、前年にJ2で2位の20ゴールをあげたFWウェリントンを引き留めることができなかった。期限付き移籍中だった丸山と武富も、それぞれFC東京とレイソルに復帰した。選手が少しずつ抜けていく、なかなか戦力を整えられない状況になったのかなと感じずにはいられなかった。

そうしたなかで、レイソルから高山が完全移籍で復帰した。武富の穴を埋められる前線の選手の補強が急務だったなかで、前年からの継続と開幕までの時間があまりないことの両方を考えたときに、ベルマーレをまったく知らない選手がすぐに馴染むのは難しい。考えをめぐらせているときに、頭のなかにパッと思い浮かんだのが高山だった。

僕がレイソルに所属していたときの後輩、タツこと吉田達磨が当時の強化ダイレクターを務めていた。ベルマーレの取締役社長に就任していた大倉を通してオファーを出したものの、14年シーズンは32試合に出場していたこともあって、最初は「ちょっと難しいですね」と言われた。ベルマーレから移籍して、1年しかたっていないのだから無理もない。

それでも、他をどう見ても高山以外にふさわしい選手が見当たらない。無理を承知で再度連絡を入れると、タツが高山の意思を確認してくれることになった。15年シーズンからトップチームの監督に就任することが決まっていたタツが、プレイヤーズファーストを優先させてくれたというか、先方の窓口がタツでなければ成立しなかった移籍だったといまでも感謝している。

そして、高山自身も覚悟をもって再びベルマーレの一員になった。自ら選んだ背番号がルーキーイヤーにつけた「23」だったことからも、ゼロから出発したいという思いが十分に伝わってきた。

キャプテンを務めて2年目になる昨シーズンの高山は、開幕直後に右ひざ前十字じん帯を損傷して長期離脱を強いられた。J2優勝を決めた後の最後の3試合で復帰を果たし、今シーズンには並々ならぬ決意で臨んでいる。

7月には30歳になるが、年齢的にちょっと落ち着いた感じの選手にはなってほしくない。ポジションこそ違うものの、36歳で引退するまでヨーロッパやアルゼンチン代表としてエネルギッシュにプレーした、DFディエゴ・シメオネ（現アトレティコ・マドリード監督）のような選手になってほしい。

それだけの高いフィジカル能力を、高山はその体に搭載している。努力でつかみ取った才能が落ちないようにさまざまな精進を積み重ねて、何歳になってもがむしゃらにプレーできる選手でいてほしいと思っている。

クラブを襲った激震と感謝の思い

話を15年シーズンに戻せば、ファーストステージで10位、セカンドステージでは9位に食い込んだ。年間総合順位では8位となり、クラブの悲願でもあったJ1残留を勝ち取った。

Jリーグが毎年開示しているJクラブの個別経営情報の15年度版を見ると、ベルマーレのチーム人件費、要は選手の年俸などの合計額は6億9900万円で、18チーム中で17位だった。トップの浦和レッズの20億9900万円はもちろん、J1平均の14億6500万円にも大きく及ばなかった。

5億7300万円を数えた広告料収入も、3億3500万円の入場料収入もいずれも下から2番目。それぞれのトップが、広告料収入が名古屋グランパスの27億7500万円、入場料収入がレッズの21億7400万円だった。特定の親会社をもたない小さな市民クラブであるベルマーレが、いかに限られた予算のなかでやり繰りしながら戦ってきたかがわかる。

監督である僕自身、ベルマーレという若いチームが強くなっていくうえでお金は必要条件にはなりえても、十分条件にはならないという信念を抱きながら指導にあたってきた。それでも、15年シーズンの予算規模を考えれば、年間総合順位で8位に入ったことは奇跡に近いと言っても過言ではない。

開幕前の段階で僕が抱いていた危機感を、いい意味で覆してくれた最大の要因は12年シーズン、というよりも僕が監督になるはるか前からの積み重ねに他ならない。そこへJ1の戦いのなかで得た新たな経験と刺激が相乗効果をもたらし、完成形に近い、ひとつの集大成と言ってもいいチームが生み出された。

必然的に主軸を担った選手たちの価値もあがる。価値とは要は年俸や、他チームから寄せられる評価となる。僕自身も監督として、全員で育んできた「湘南スタイル」と「予算が限られたチーム状況」が相反するようで、実は車の両輪のように密接にリンクしながら前へ進んでいけばいいと考えていた。

迎えた15年シーズンのオフは、ひと言で表現すれば「激震」だった。予算がしっかりと組まれているチームならば、効果的な補強を行うことでさらに循環をよくして上位を狙っていく。しかし、当時のベルマーレは僕も含めて、クラブ全体がまったくそこまで力が及ばなかった。

まず15年5月から代表取締役社長になっていた大倉と、14年シーズンから強化部テクニカルディレクターを務めてきた田村雄三が退任し、当時福島県社会人リーグ2部を戦っていたいわきFCの代表取締役と強化・スカウト本部長にそれぞれ就いた。

永木には鹿島アントラーズ、遠藤には2年続けて浦和レッズからオファーが届いていたが、正直言って引き留めるかどうかといったレベルではなかった。長くベルマーレに携わり、ビジョンや意識を共有していた2人が突然いなくなった状況で、ベルマーレ側の交渉窓口として誰が責任をもつのか、となる。

ベルマーレで引き続きプレーしようかな、と考えていた選手も、このままならどうなるのかと不安を覚えたはずだ。ベルマーレから他のクラブへ期限付き移籍していた選手を含めて、もう少しクラブの未来やお金のことが見えたら残っていたのに、と苦渋の選択をくだした選手も少なくなかっただろう。

いまならば移籍金が発生するように、あらかじめ複数年契約を結んで備えておくこともできるが、当時はそんな作業まで頭が回らなかった。1年でJ2へ戻った13年シーズンを考えれば、これほど短い時間で強くなるとは誰も思っていなかったから、クラブ内はまさにパニック状態に陥った。

最終的に永木と遠藤だけでなく、GK秋元陽太がFC東京に（17年シーズンよりベルマーレへ復帰）、DF古林将太が名古屋グランパスに移籍。水戸ホーリーホックへ期限付き移籍していたMF岩尾憲が徳島ヴォルティスへ、アビスパ福岡へ期限付き移籍していたDF亀川諒史（現柏レイソル）もそのまま完全移籍した。

僕のもとへもベルマーレだけでなく、いくつかのクラブからオファーが届いていた。そのなかから最終的にベルマーレ残留を選んだ理由を、メディアの方々の前でこう説明している。

「ベルマーレが最も自分という人間を必要としてくれた。それがすべてです」

要は監督としてのやりがいに答えを帰結させたが、メディアの方々には本当に申し訳ないけれども、実際のところは違った。やりがいうんぬんではなく、大倉や田村に続いて僕までもベルマーレを飛び出してしまえば何も残らなくなる、だから辞めてはいけない、という考えに至ったのが一番の理由だった。

自分なりに悩み抜いた過程で脳裏に浮かんできたのは、ベルマーレというクラブに対する「感謝」の二文字だった。

川崎フロンターレで指導者の道を歩み始め、育成年代への指導を介してちょっとだけ自信をつけて、セレッソで大いなる挫折を味わわされて、ベルマーレで再び育成を指導させてもらうチャンスをもらったからこそ、12年シーズンからトップチームの監督を務めさせてもらっている。

決して自分一人だけの力で歩んで来られたわけではない。特にベルマーレの一員になってからの11年間をあらためて振り返ったときに、自分も次のステップへ進むという決断はくだせなかった。

もっとも、16年シーズンのスタートを切ったときの僕の心理状態が、過去4シーズンと比べて明らかに異なっていたからか。それまで順調に成長してきたチームの軌跡を崩してはいけないと、必要以上に強く思い込んでしまった。

自分がやりたいことを選手たちにあまりにも要求しすぎてしまい、結果として彼らを三段跳びくらいさせようとしていた。もっと勝ち負けにこだわらなければいけないところを、戦術にとらわれすぎていたと言うべきか。選手が勝ちたいと望む気持ちを押さえすぎて、チャレンジできないところもあった。

物事を客観視しながら、何がよくて何が悪いのかをジャッジすべきところで、感情が入りすぎてしまったといまでは深く反省している。大事なのは自分ではなく選手という大前提をあらためて考えたとき、16年シーズンの自分を監督として見れば最低だったといまでも反省している。

9試合目で初勝利をあげたファーストステージは16位。第3節から10連敗を喫したセカンドステージでは17位に終わり、年間総合順位で17位になってＪ２への降格が決まった。15位でＪ１に残留したアルビレックス新潟との勝ち点差は3だったから、選手たちはぎりぎりまで頑張った。

ダメなのは監督だった自分であり、クラブから「辞めてほしい」と言われても仕方がないシーズンだった。大宮アルディージャとのセカンドステージ第15節で負けて、実際にＪ２への降格が決まった直後には、自分から辞めようと思ったこともあった。

ただ、セカンドステージの最後の2試合の内容がすごくよかった。ヴァンフォーレ甲府に1対0、名古屋グランパスには3対1で勝利するなど結果も伴ったなかで、僕の考え方にも変化が起こった。

まずベルマーレはこうじゃなければいけない、というイメージから選手たちを解き放つ。そのうえで、心の底から試合に勝ちたいと望むときに必要なプレーとは何か、というものを引き出せそうな感じがした。そのタイミングで、クラブ側から17年シーズンも指揮を執ってほしいとオファーを受けた。

お金で動かせないものを大事にしたい

ほぼ同じ時期に、日本サッカー協会からU‐18日本代表監督としてのオファーが届いた。本当に嬉しい話だったし、もちろん光栄にも感じたけれども、あの段階では引き受けるべきではないとの結論に達した。

J2へ降格したベルマーレからは、何人かの選手が移籍で抜けると覚悟していた。実際にMF菊池大介が浦和レッズへ、DF三竿雄斗が鹿島アントラーズへ、FW大槻周平がヴィッセル神戸へ、MF長谷川アーリアジャスールが大宮アルディージャへ（18年シーズンから名古屋グランパスへ移籍）、そしてMF大竹洋平がファジアーノ岡山へそれぞれ移籍した。

15年シーズンのオフにも「激震」と形容した選手の移籍があっただけに、ベルマーレというクラブが進む道筋をしっかりつけなければいけないと思った。選手の成長が勝利につながり、勝利が選手の成長を加速させるという大前提にもう一度しっかりと向き合いたかった。

そのなかで若い選手も育っていくというサイクルも作り出し、ひとつの文化や色を出していくことで、Jリーグのなかで異彩を放つクラブにするチャレンジをしたいと思い、6年目の指揮を執ることを決めた。

ただ、僕もピッチを離れれば一人の人間だ。誰かに愚痴をこぼしたくなるときもある。16年シーズンを含めて、そういう心境になったときにメールをやり取りするのが、親しみを込めてテツと呼ぶファジアーノの長澤徹監督だ。

テツとは同学年で、僕が早稲田、テツが筑波と関東大学サッカーリーグから試合で相対していた。ともに最終ラインを担っていたこともあって当時から気が合った。僕がヴィッセル神戸で現役を引退した97年シーズンに、テツも旧JFL

の本田技研で現役に別れを告げた。

指導者の道を歩み始めたのはテツのほうが早く、本田技研のコーチをへてＦＣ東京に11年間在籍。トップチームのコーチだけでなく、アカデミーの監督を務めていたときにも、僕自身もベルマーレのアカデミーを指導していたので、おりにつきよく話をした仲だった。

そのテツの目の前で、昨シーズンのＪ２優勝を決められたのも不思議な縁を感じた。しかも、試合後の監督会見で、僕に関して「去年のいまごろは一番の闇のなかにいた」と言及してくれた。去年のいまごろとは、要はアルディージャに負けてＪ２降格が決まった直後のことだ。

当時は「間違っていないからやり続けろ」とか「見ていてすごくいい試合ができている」と、苦戦続きだったＪ１での戦いにエールを送ってもらった。どれほど勇気づけられたことか。テツには本当に感謝しているし、これからも切磋琢磨していける関係であり続けたい。


組織論の章で詳しく記したように、昨シーズンは10試合前後を終えた段階でいい意味で開き直ったというか、選手たちの頑張りに、彼らの温度に乗っかろうと思考方法を180度変えたことが最終的に奏功したと思っている。

J2降格決定後にも同じような思いに駆られたが、オフの間からスペインキャンプをはさみ、J2の戦いが始まっても自問自答を繰り返し、悩んで悩み抜き、まだ何かあるのではとあれこれ探しまわったすえにたどり着いた開き直りは、実は非常にポジティブなものだと思えるようになった。

もうどうでもいい、と思うのは実は開き直りとは言えない。早稲田大学ア式蹴球部の大先輩である岡田武史さんでさえ、日本代表監督時代は「なぜ自分を指名したのか」と思いながら指揮を執っていたと聞いた。だからこそ余計に、自分は何にこだわっていたのか、と思えるようになった。

ゆえに昨シーズン、特に開き直れた5月以降は、どんなにボールをもたれても絶対にやられないと思いながら戦況を見つめていた。本音を言えばボールを動かしたいけれども、我慢するようになった。縦に速く仕掛けることだけがベルマーレのサッカーではない、と思うようにもなった。

良し悪しではなく、昨シーズンのチームはそうすることがベストだと思った。

自分のなかでは失敗だと位置づけている16年シーズンの苦い経験が、結果として監督としての引き出しを増やしてくれたといまでは思っている。

独自のスタイルを出すほどにそれを封じられるのが、サッカーを含めた世の中全体の常でもある。少人数の中小企業で取り組んだほうが効率も上がるが、それだけでは太刀打ちできない大企業が出てくる。それでも職人気質は必ず重宝される、というイタチごっこは競争社会のなかで永遠に続いていく。

ひとつだけ言えるのは、人の心はお金では動かせないということ。それだけは未来永劫にわたって変わらないし、だからこそベルマーレというクラブの監督として、選手たちのためにも人の心に向き合い、触れ合えるチームを目指したいと常に考えてきた。そこにお金がついてくるようなスキームを、クラブを託されて7年目となる今シーズンも作っていきたいと思っている。

あとがき

かつての教え子からメールが届いたのは、42試合を戦う長丁場のJ2戦線が終わろうとしていた昨年11月の中旬だった。

スマートフォンの画面をスクロールしていくうちに心が震えるような喜びと、それと表裏一体となる怖さにも近い思いが込みあげてきた。

川崎フロンターレU‐15へ02年に加入したT君は、永木亮太（現鹿島アントラーズ）や高山薫のひとつ下の代になる。そのT君が結婚を意識した彼女を連れて初めて両親へ紹介したときに、ふいに母親が僕に指導された2年間を笑顔で話し始め、やがては嬉し涙を流し始めたと文面には綴られていた。

いつも泣きながらフロンターレU‐15の練習から帰宅していたT君は、僕に叱られてばかりで辛いけれども、それでもサッカーが楽しくて仕方がないと両親に答えていたそうだ。さらには母親に対して当時の僕が、T君を泣かせるのに1分もかかりません、と面談の席で言い放ったというではないか。

記憶をたどっていけば、厳しさは愛情の裏返しという信念も込めながら、指導者の道を歩み始めたばかりの当時の僕は、預かった子どもたちに対してピッチの内外で真剣に向き合っていた。そのなかでT君は歯を食いしばりながら、決して下を向くことなく食らいついてきた。

ただ、もしも僕に出会い、厳しい指導を受けたことでサッカーに嫌悪感を抱いた選手や子どもがいたとしたら――無我夢中で突っ走ってきた自分の指導者人生がちょっとだけ怖くも感じられたし、だからこそフロンターレを離れてから十数年後にT君から感謝の思いが込められたメールをもらったことが、T君の母親にもそう思われていることが無性に嬉しかった。

そもそも、なぜT君から突然連絡があったのか。実は昨シーズンの開幕直前に開催された、ベルマーレの法人および個人スポンサーを対象とした恒例のキックオフパーティーに、偶然にも出席していたT君の彼女から挨拶されたことがきっかけだった。

当然ながら「T君はどうしているの」という話に花が咲いた。すぐに連絡があり、近況を報告してくれた。聞けば、大学までサッカーを続けたT君は夢を切り替え、卒業後は大手の証券会社に就職。さらに大きな夢を追い求めて一念発起し、起業したということではないか。

先輩の永木や高山に負けないように、サッカーとはまったく異なるフィールドで懸命に頑張っている姿を思い浮かべるだけで幸せな気持ちになった。そして、約9ヶ月後にはT君の母親のエピソードも知らされた。指導者として最も嬉しい瞬間だ、と思わずにはいられなかった。

ゴールが決まったときや試合に勝ったときは嬉しいし、実際に喜んでいる場面が映像として残されている。昨シーズンで言えば、3月25日のジェフユナイテッド千葉との明治安田生命J2リーグ第5節で、MF奈良輪雄太（18年シーズンより東京ヴェルディへ期限付き移籍）のゴールが決まった直後に、喜びすぎたあまりに左ふくらはぎを肉離れするという、何とも恥ずかしい姿を見せてしまった。

もちろん勝つために常に最善の準備を整えるけれども、試合そのものは実際に戦ってみなければ勝つか負けるかわからない。何よりも指導者の仕事をピラミッドにたとえれば、結果として目に見える部分は頂上に近いほんの一部であり、そこをもって優勝させたとか昇格させたと評価される。

評価されることはもちろん光栄だけれども、僕自身は頂上よりも下に広がるもの、普段はなかなか見えないものが、実は指導者にとってものすごく大事なものだと受け止めてきた。

僕と関わった子どもや選手、あるいはスタッフが、どのような思いを抱きながらいま現在を生きているのか。たとえばメディアの前でしゃべる姿を見て大人になったと感じる、結婚式に招かれたときに幸せそうだと目を細める、あるいはプロになれなかった子どもがT君のように立派になって連絡してくる——すべてが僕にとってのかけがえのない財産となる。

喜怒哀楽という言葉を指導者という自分の仕事にあてはめれば、僕を心から喜ばせるのは名誉でもお金でもなく、ましてや結果でもない。第三者からはなかなか評価されづらい部分にある、と自信をもって言える。

指導者という切符を買ったのならば、それこそトランクやバッグからあふれるくらいの愛情をもっていなければ、現場に通じる改札を通ってはいけない。それだけ特別な仕事だと僕は思ってきた。

自分だけが無傷でいよう、あるいは得をしようとその場を切り抜けようとすれば、子どもや選手にはすぐ伝わってしまう。その瞬間に、それまで長い時間をかけて、一生懸命築きあげてきた信頼が音を立てて崩れる。そういう世界であることを、肝に銘じなければいけない。

人間である以上は、僕も自分のことが一番大事だ。ただ、組織のなかで失敗したくない、第三者にネガティブな思いを抱かれたくない、批判されたくないとちょっとでも思えば、その後に出てくる行動は残念ながら本物とは呼べない。

目の前の試合に勝ちたいから、チームをよくしたいからこそ本気で向き合う。もしも間違えていると思えば、素直に謝ればいい。組織論の章で記した「一期一真剣」の精神こそが僕の原点であり、あの時間がなければいまの自分はないとさえ思える、フロンターレU-15監督時代から貫いてきた。

指導者の道を歩み始めてから一度も怒ったことはないと、同じく組織論の章で記した。相手のことを思って叱り飛ばすことはいま現在でも少なくないから、僕の場合で言えば喜怒哀楽ではなく「喜叱哀楽」となるが、ならば「哀」はどのようなときに一番感じてきたのか。

それは100％以上の力を出している選手や子どもが、たとえば試合で負けている状況などでそれを実感していないときだ。全然ダメだと、自分自身に批判の矢印を向けるたびにどんどん表情がこわばっていく。指導者として、どうしてあげればいいのか。哀しい気持ちになる以外の何物でもない。

僕に叱られるから何もしない、失敗したくないと思うから消極的になっているのならば話は別だ。1％でも力を残しているときも然り。ただ、何をやっても上手くいかない時期はどうしても訪れるし、そういう試練がなければ指導する側もされる側も頭をはたらかせない。ピッチ上における表情が生き生きとしていなければ、逆に彼らを鍛える時期だといまではとらえるようにしている。

最後の「楽」は、ものごとに夢中になっているとき以外にない。気がついたら夕方になっていた、考えごとや海外の試合映像を見ていたら夜更けになっていたことが僕の場合は多いけれども、何も楽しかったからといって結果が出るわけではないし、楽しむ対象が間違っているかもしれない。

それでも、楽しいと思う気持ちを失ってはいけない。そうでなければ人生なんてつまらないし、最終的に望んでいる結果も得られないだろう。昨シーズンで言えば、日々のなかで楽しむ時間をなるべく多く作ろうと心がけ、そうした積み重ねがJ1昇格という結果につながったことが僕にとっては嬉しかった。

18年シーズンはベルマーレの監督として臨む、通算4度目のJ1となる。シュートもパスも1対1の攻防も、それこそスローインからすべてのレベルを上げていかなければ勝てないレベルであることはわかっているけれども、だからといって相手を畏怖して、相手への対応だけに終始する1年にはしたくない。

ピッチでプレーする選手たちと、ベルマーレのサッカーを見ているファンやサポーターが同じ感動を、同じ価値観を共有する。監督に就任した12年シーズンから成長させてきたスタイルで、勝負していきたいという決意は変わらない。

常に相手へ向かっていく姿勢を貫きたいし、向かっていくからこそクリアではなくパスになるし、向かっていくからこそ相手を待つのではなく積極的にボールを奪いにいく。育まれてきた攻撃的な姿勢こそが最もかけがえのない宝物だとクラブ全体で、そしてファンやサポーターを巻き込んだ地域全体で思える象徴に、今シーズンのチームがなればいいと思っている。

一方でチェンジ、要は変えることを怖がってもいけない。昨シーズンの序盤で僕がいい意味で開き直ったように、今シーズンのチームにも新しいアプローチが必要な状況が訪れるかもしれない。

たとえば先発メンバーの選び方に関しても、昨シーズンまでは試合前日にセットプレーを確認する練習で主力組に配した選手を、実際には試合で起用しないことが少なくなかった。キックオフ直前に変えたこともあったなかで、聞けばけっこうやりづらいと感じている選手もいることがわかった。

もしかしたら週末の試合へ向けて練習を開始したときから、先発メンバーを固定したほうがいいのかもしれない。これに関して正解はないし、何よりも選手たちがどう思っているのかが最終的には最も大事なので、シーズンを戦いながら自分のなかで考えていきたい。

湘南ベルマーレというクラブのアイデンティティーとして引き続き大事にしていく部分と、状況によって臨機応変に変えていく部分の2つが、絶妙のバランスで重なり合うようなシーズンにしたい。

その積み重ねとして僕が「哀」を感じる瞬間が減り、一方で「楽」の時間が延びて、未来に待つ「喜」がさまざまなかたちで増えていってほしい。言うまでもなく、その過程で怒りではなく「叱」を介して僕は真っ赤な情熱を放ち、山よりも高く海よりも深い愛情を注ぎ込む存在であり続けたい。

［著者プロフィール］

曺 貴裁

チョウ・キジェ

湘南ベルマーレ監督

1969年1月16日、京都市生まれ。京都府立洛北高等学校、早稲田大学商学部を卒業後、91年日立製作所に入社し、本社サッカー部（のちの柏レイソル）でプレー。その後はプロ選手として浦和レッズ、ヴィッセル神戸に所属。Jリーグ通算70試合に出場し、97年に現役引退。その後はドイツのケルン体育大学に留学。2000年に帰国後は川崎フロンターレのアシスタントコーチ、ジュニアユース監督、セレッソ大阪のヘッドコーチを務めた後、05年に湘南ベルマーレジュニアユース監督に就任。その後は同クラブのユース監督、トップチームヘッドコーチを経て、12年より現職。チームを3度のJ1昇格、2度のJ2優勝に導き、就任7季目となる18年は監督としては通算4年目となるJ1での戦いに挑む。

ブックデザイン　山内宏一郎(SAIWAI DESIGN)
構成　藤江直人
写真　松岡健三郎
DTPオペレーション　株式会社ライブ
編集協力　一木大治朗、長島砂織、田中將介
編集　加藤健一(カンゼン)
協力　株式会社湘南ベルマーレ

育成主義

選手を育てて結果を出すプロサッカー監督の行動哲学

発行日　2018年2月26日　初版

著　者　曺《チョウ》 貴《キ》裁《ジェ》
発行人　坪井義哉
発行所　株式会社カンゼン
〒101-0021
東京都千代田区外神田2-7-1 開花ビル
TEL 03(5295)7723
FAX 03(5295)7725
http://www.kanzen.jp/
郵便為替 00150-7-130339
印刷・製本　株式会社シナノ

ISBN 978-4-86255-448-2
Printed in Japan
定価はカバーに表示してあります。

ご意見、ご感想に関しましては、kanso@kanzen.jpまで
Eメールにてお寄せ下さい。お待ちしております。

※本書における所属チーム等のデータは、2018年1月現在のものになります。